世界経済の潮流

2023年 I

アメリカの回復・インドの発展

令和5年8月

内閣府

政策統括官（経済財政分析担当）

お問い合わせは、内閣府政策統括官（経済財政分析担当）付
参事官（海外担当）付までご連絡下さい。

電話： 03-6257-1581　　（ダイヤルイン）

まえがき

　「世界経済の潮流」は、内閣府が年2回公表する世界経済の動向に関する報告書です。

　2023年前半の世界経済をみると、主要先進国の景気は総じてみれば底堅く、物価上昇抑制のため金融引締めが進み、金融資本市場の変動もみられました。一方、中国経済の回復テンポは緩やかなものにとどまっています。「世界経済の潮流2023年Ⅰ」では、このような世界経済の動向と先行き、主なリスクを整理するほか、インドの発展の特徴と課題に関する分析を行っています。

　第1章では、2023年前半を中心に、世界の主要国・地域の景気動向を整理しています。欧州の景気は足踏み状態となっているものの、アメリカは自律的に回復しています。また、欧米の消費者物価は、いずれもエネルギー価格の下落を受けて上昇テンポに一服感がみられていますが、労働コストが上昇していることから、欧米中銀は引締めを継続しています。こうした中、アメリカでは、地方の中堅銀行の経営破綻も生じました。地方銀行の経営には市場からの厳しい評価が続く下で、貸出態度の厳格化もみられ、銀行貸出は伸び悩んでいます。他方、中国では、不動産市場の低迷や世界的な半導体不況の影響等から、景気の回復テンポは緩やかであり、若年失業率は過去最高水準で推移しています。こうしたこともあり、2023年の世界経済の成長率は前年を下回ると見込まれています。今後、注視すべきリスク要因としては、欧米では金融引締めに伴う金融資本市場や景気全体への影響、また、中国では不動産市場低迷による金融機関や地方政府への影響、若年失業率の上昇、米中貿易摩擦による影響等が挙げられます。

　第2章では、人口動態と貿易構造からみたインドの経済成長の特徴と政策動向を整理しています。インドは2023年までに人口が世界最多となり、市場規模・成長性への期待から、日系企業の関心も高まっています。若年人口比率が高いことからも今後の発展が期待されますが、農業部門の就業者が未だ4割を超えるなど、生産性の面から課題もみられます。また、インドは貿易収支が赤字であり、サービス収支は黒字です。財輸出は一次産品比率が高く、財輸入は機械製品など資本集約財を中国から輸入する比率が高まっています。他方、ITの強みを活かしたサービス輸出が増加しており、国内においても先進的なシステムを活用して、キャッシュレス化や税制改革が進展しています。2014年のモディ政権発足以降、インドへの直接投資にも加速がみられます。こうした状況を踏まえ、更なる成長に向けた取組を考察しています。

　このほか本報告書では、世界経済の先行きをみる上で重要な各地域及び国際金融におけるトピックについてもまとめています。

　本報告書の分析が、世界経済の現状に対する認識を深め、その先行きを考えるうえでの一助になれば幸いです。

令和5年8月

内閣府政策統括官（経済財政分析担当）

林　伴子

目　　次

第1章 2023年前半の世界経済の動向

第1節 世界経済の現状--- 3

　1．物価上昇下での欧米の回復力の違い ------------------------------------- 4

　2．物価上昇を受けた金融引締めの進展と金融市場の動向 ---------------- 36

　3．金融引締めが進む中での銀行破綻や金融機関の買収 -------------------- 43

　4．感染症収束後の中国の景気動向 --- 58

第2節 経済の先行きをみる上で重要なトピック ------------------------------- 73

　1．アメリカ：米中貿易摩擦、自動車販売、住宅市場及びMBS債、

　　　　　　　労働市場 -- 73

　2．中国：地方財政 -- 93

　3．ヨーロッパ：エネルギー確保と脱炭素、

　　　　　　　　　半導体サプライチェーンの域内構築 -------------------- 99

　4．国際金融：人民元の国際化、途上国債務問題 ------------------------- 103

第3節 世界経済の見通しとリスク --- 113

　1．世界経済の見通し-- 113

　2．先行きのリスク要因--- 121

第2章 インドの発展の特徴と課題

第1節 貿易構造と人口動態からみたインドの経済成長の特徴 ------------------ 135

  1．インド経済の位置付け--- 135

  2．グローバル・バリュー・チェーン（GVC）からみた輸出の特徴------ 144

  3．ウェイトが高まる中国からの輸入の特徴------------------------- 150

  4．インドの将来人口推計からみる成長の可能性--------------------- 153

第2節 インドの産業・通商政策--------------------------------------- 165

  1．拡大する貿易赤字の是正を掲げるインド------------------------- 165

  2．自由貿易の推進と国内産業保護の継続--------------------------- 168

  3．外資主導によるIT産業の振興---------------------------------- 171

  4．インドの発展を広げるサービス産業や新技術の活用--------------- 174

第3節 まとめ--- 181

コラム目次

コラム1　設備投資と実質金利－－－－－－－－－－－－－－－－－－－－－－－－－－－－－－ 13

コラム2　労働力人口の変化の要因分解－－－－－－－－－－－－－－－－－－－－－ 20

コラム3　国際商品市況－－－－－－－－－－－－－－－－－－－－－－－－－－－－－－－－ 33

コラム4　アメリカの企業債務－－－－－－－－－－－－－－－－－－－－－－－－－－－ 41

コラム5　アメリカの銀行監督体制－－－－－－－－－－－－－－－－－－－－－－－ 49

コラム6　アメリカ連邦政府の債務上限問題－－－－－－－－－－－－－－－－－ 91

コラム7　デジタル人民元の動向－－－－－－－－－－－－－－－－－－－－－－－－ 107

図 表 目 次

図表番号	図表名	ページ	図表番号	図表名	ページ
第1章					
第1-1-1図	先進国の実質GDP	5	コラム4 図1	米国債務の対GDP比率	41
第1-1-2図	先進国の実質GDP 需要項目別の動向	5	コラム4 図2	米国企業の負債内訳	41
第1-1-3図	アメリカの実質個人消費支出	7	コラム4 図3	米国預金取扱機関以外からの借入の内訳	42
	(財・サービス別、サービス支出の内訳)		コラム4 図4	証券化された借入金(CLO)の	42
第1-1-4図	ユーロ圏のサービス業景況感	7		残高と保有先	
第1-1-5図	雇用者報酬と物価、個人消費の推移(国別)	8	第1-1-28表	破綻した銀行の概要	43
第1-1-6図	主要国の家計の貯蓄超過	10	第1-1-29表	破綻の経緯	44
第1-1-7図	アメリカの実質民間設備投資	11	第1-1-30図	ファースト・リパブリック銀行の株価と	45
第1-1-8図	ユーロ圏の実質民間設備投資	11		Twitter上での関連ツイート数	
第1-1-9図	英国の実質民間設備投資	12	第1-1-31図	ワシントン・ミューチュアル銀行の	45
コラム1 図1	設備投資対GDP比と	14		株価の推移(2008年9月)	
	実質金利と自然利子率の差		第1-1-32表	破綻銀行の経営上の問題点	46
コラム1 図2	自然利子率と実質金利	15	第1-1-33図	アメリカ銀行保有債の含み損	46
	(2019年10-12月期からの変化幅)		第1-1-34図	無保険預金残高の推移	47
第1-1-10図	先進国の実質交易利得・損失	16	コラム5 表1	FRBとFDICの監督権限	49
第1-1-11図	欧米の労働力人口(生産年齢人口)	18	第1-1-35図	BTFPの貸出状況	51
第1-1-12図	欧米の労働参加率	19	第1-1-36図	銀行等の株価の動向	51
コラム2 表1	労働力人口の変化の要因分解	20	第1-1-37図	銀行預金残高の推移	51
第1-1-13図	男女別労働参加率(15〜64歳)	21	第1-1-38図	預金金利とMMF利回り	51
Box 図1	女性の労働参加率(15〜64歳)	22	第1-1-39図	MMFへの資金流入の状況	52
第1-1-14図	求人率	23	第1-1-40図	銀行貸出残高の内訳(ストック)	53
第1-1-15図	欧米の失業率	24	第1-1-41図	商工業ローン貸出基準	53
第1-1-16図	欧米の賃金上昇率	26		(大・中堅企業向け)	
第1-1-17図	欧米の単位労働費用の推移	26	第1-1-42図	企業の倒産件数	53
第1-1-18図	労働生産性と実質賃金	27	第1-1-43表	クレディ・スイス買収の経緯	55
第1-1-19図	欧米の輸入物価	29	第1-1-44図	バーゼルⅢにおける自己資本の概要	57
第1-1-20図	国際物流コスト(バルチック指数)	29	第1-1-45図	中国の実質GDP成長率	58
第1-1-21図	欧米の消費者物価上昇率(前年比)	31	第1-1-46図	中国の生産(鉱工業、サービス業)	59
Box 図1	アメリカの消費者物価上昇率	32	Box 表1	中国の感染症関連指標	60
	「その他サービス」の内訳		第1-1-47図	小売総額(名目)	61
コラム3 図1	国際商品市況	34	第1-1-48図	乗用車販売台数	62
第1-1-22図	アメリカの粘着価格指数と柔軟価格指数	35	第1-1-49表	中央・地方の主な消費喚起策	63
第1-1-23図	アメリカの柔軟指数と各項目ごとのCPI	36	第1-1-50図	一人当たり可処分所得	64
第1-1-24図	欧米主要国・地域の政策金利の推移	37	第1-1-51図	貯蓄率の推移	64
第1-1-25表	欧米の金融政策の動向	38	第1-1-52図	家計預金新規増加額の推移	64
第1-1-26図	欧米主要国の長期国債金利の変動幅	39	第1-1-53図	都市預金者の貯蓄・消費・投資の意向	64
第1-1-27図	アメリカの株及び国債のボラティリティ	40	第1-1-54図	消費性向	64

第1-1-55図	財輸出入	66
第1-1-56図	主な個別品目	66
第1-1-57図	輸入構造の推移	67
第1-1-58図	住宅価格	68
第1-1-59図	不動産販売面積	68
第1-1-60図	固定資産投資	68
第1-1-61図	不動産関連融資残高	68
第1-1-62図	家具・建材の小売	69
第1-1-63図	家具・建材の生産	69
第1-1-64表	全人代のポイント	70
	(2023年の経済政策の重点事項)	
第1-1-65図	金融政策の動向	71
第1-1-66図	税金・費用の減免額の推移	71
第1-2-1表	アメリカと中国の追加関税措置	74
第1-2-2図	アメリカの財輸入に占める	74
	主要輸入相手国・地域のシェアの推移	
第1-2-3表	対中半導体輸出規制措置の概要	75
第1-2-4図	半導体関連品目の輸出の推移	76
第1-2-5図	バッテリーの輸入元国別シェア	77
	(2022年)	
第1-2-6表	アメリカ国内でのバッテリー製造等	78
	に対する助成金	
第1-2-7図	電気自動車のシェアと	79
	バッテリー輸入金額の推移	
第1-2-8表	「CHIPS及び科学法」に基づくアメリカ	79
	国内での半導体製造等に対する助成金	
第1-2-9図	自動車販売台数のトレンド推計	80
第1-2-10図	自動車ローン金利と自動車販売台数	81
第1-2-11図	ISM入荷遅延と自動車生産台数	82
第1-2-12図	自動車在庫の推移	82
第1-2-13図	住宅着工件数と住宅ローン金利	83
第1-2-14図	住宅市場指数	83
第1-2-15図	住宅販売件数とMBS債発行額	84
第1-2-16図	借り換えによる住宅ローン組成と金利	84
第1-2-17図	MBS債発行残高の保有者別割合	85
第1-2-18図	非農業部門雇用者数	85
第1-2-19図	業種別雇用者数の推移	86
第1-2-20表	米大手企業におけるレイオフの動向	87
第1-2-21図	業種別賃金指数	88
第1-2-22表	業種別賃金ランキング(実額)	88
Box 図1	アメリカの転職者と継続就業者の賃金動向	89
Box 図2	労働需要と労働供給	89
Box 図3	賃金ギャップと労働需給ギャップ	90
	(1期ラグ)の関係	
コラム6 図1	債務上限と債務残高の推移	91
コラム6 図2	国債利回りの推移	91
	(10年債・1か月債)	
第1-2-23図	中国政府の財政(全国)	93
第1-2-24図	土地使用権譲渡収入の減少	94
第1-2-25図	中国政府の財政収入(中央・地方)	95
第1-2-26図	中国政府の財政支出(中央・地方)	95
第1-2-27図	各地方の債務残高と一人当たりGDP	96
	(2022年)	
第1-2-28図	中国の政府債務残高	97
第1-2-29図	EUガス貯蔵レベルの推移	99
	(2023年7月14日時点)	
第1-2-30図	欧州主要国のCO2排出量の推移	100
第1-2-31表	国際取引における	105
	国際決済通貨の割合(%)	
第1-2-32図	外貨準備比率(通貨別)	105
第1-2-33表	国際決済システム	106
	SWIFTとCIPSの比較	
第1-2-34図	途上国の対外債務残高	109
	及び名目GDP比	
第1-2-35図	債務リスク評価の推移	110
第1-2-36表	国別の債務リスク評価	110
	(2023年5月末時点)	
第1-2-37図	中国に対する途上国の債務残高と	112
	債務残高全体に占める中国の割合	
第1-3-1図	世界の財貿易量	114
第1-3-2図	グローバルPMIの推移	114
第1-3-3図	欧米の製造業景況感	115
第1-3-4図	欧米の非製造業景況感	115
第1-3-5図	欧米の新規受注(製造業)	115
第1-3-6図	欧米の新規受注(非製造業)	115
第1-3-7図	欧米の消費者マインド	116
第1-3-8表	IMFによる世界及び各国の	117
	実質GDP成長率見通し(2023年7月)	
第1-3-9表	OECDによる世界及び各国の	117
	実質GDP成長率見通し(2023年6月)	
第1-3-10表	IMFによる世界及び各国の	118
	消費者物価上昇率見通し(2023年7月)	
第1-3-11表	OECDによる世界及び各国の	118
	消費者物価上昇率見通し(2023年6月)	

第1-3-12図	IMFによる構造的財政収支見通し（対潜在GDP比）	119
第1-3-13図	IMFによる各国の政府債務残高見通し（対GDP比）	120
第1-3-14図	中国の不良債権問題	122
第1-3-15図	中国の都市部調査失業率	123
第2章		
第2-1-1図	世界の人口の推移	136
第2-1-2表	中国とインドの人口データ・推計値の比較	137
第2-1-3図	各国の名目GDPシェアの推移	137
第2-1-4図	各国の名目GDP規模の推移	137
第2-1-5図	各国・地域の一人当たり実質GDPの長期推計	138
第2-1-6図	各国・地域の財輸出（対世界）	138
第2-1-7図	各国・地域の財輸入（対世界）	139
第2-1-8図	インドの財輸出	140
第2-1-9図	中国の財輸出	140
第2-1-10図	ASEANの財輸出	140
Box　図1	各国の経済成長における内需・外需の寄与	141
第2-1-11図	アメリカの財輸入	142
第2-1-12図	中国の財輸入	143
第2-1-13図	ASEANの財輸入	143
第2-1-14図	インドの財輸入	143
第2-1-15図	インドと中国の産業別構成比	144
第2-1-16図	インド、中国、タイの就業者構成比	145
第2-1-17図	インドの財輸出（品目別シェア・金額ベース）	147
第2-1-18図	財輸出の品目の比率（集約財別・金額ベース）	148
第2-1-19図	GVCへの参画率	149
第2-1-20図	インドの財輸入の特定国への集中状況	150
第2-1-21図	インドの財輸入（品目別シェア・金額ベース）	151
第2-1-22図	インドの財輸入の品目（集約度別比率）	152
第2-1-23図	インドの財輸出の品目（集約度別比率）	152
第2-1-24図	実質GDP成長率の推移	153
第2-1-25図	名目GDPの推移	154
第2-1-26図	一人当たり名目GDPの推移	154
第2-1-27図	成長率と一人当たりGDPの分布	155
第2-1-28図	各国の成長会計	156
第2-1-29図	インドと中国の出生率	157
第2-1-30図	中国、インドの総人口と生産年齢人口	157
第2-1-31図	インドと中国の人口ピラミッド	158
第2-1-32図	生産年齢人口比率と経済成長率の推移	160
第2-1-33図	従属人口比率と経済成長率の推移	160
第2-1-34表	生産年齢人口比率、従属人口比率とその内訳	161
第2-1-35図	労働生産性成長率の要因分解	163
第2-2-1図	経常収支	165
第2-2-2表	「メイク・イン・インディア」イニシアティブの概要	166
第2-2-3表	「自立したインド」構想の概要	167
第2-2-4表	生産連動型インセンティブ（PLI）スキームの概要	167
第2-2-5図	インドの電力需給	168
第2-2-6表	インドの貿易協定の概要	169
第2-2-7表	「貿易政策2023」の概要	170
第2-2-8図	対内直接投資	172
第2-2-9表	日系企業アンケート調査（海外で事業拡大を図る国・地域）順位	173
第2-2-10表	日系企業アンケート調査（海外で事業拡大を図る理由）順位	174
第2-2-11図	インドのサービス輸出（業種別）	175
第2-2-12図	インドのサービス輸出（アメリカの寄与）	175
第2-2-13図	世界のGDPと財・サービス輸出	176
第2-2-14図	インドのIT企業団体の調査（2022年度）	176
第2-2-15図	EV登録台数の推移	177
第2-2-16図	インドの小売電子決済件数	178
第2-2-17表	「デジタル・インディア」の概要	179
第2-2-18図	物品・サービス税収入	180

凡　例

（1）本報告書で用いた年次は、特記しない限り暦年（1〜12月）である。

（2）「国」という表現には「地域」を含む場合がある。

（3）本報告書では、特記しない限り原則として、各国・地域を以下のように分類している。

　・**先進国**：OECD加盟国。

　・**新興国**：先進国以外の国のうち、G20に参加する国。

　・**途上国**：先進国・新興国以外の国。

※本報告は、原則として令和5年7月24日頃までに入手したデータに基づく。

第1章

2023年前半の世界経済の動向

第1章　2023年前半の世界経済の動向

第1節　世界経済の現状

　2023年前半の主要先進国の景気は、欧州では足踏み状態となっているものの、アメリカは自律的に回復しており、総じてみれば底堅さを維持している。欧米ともに失業率は引き続き低水準で推移しているが、両者の間には回復力に差をもたらす諸要因が存在している。労働需給の引締まりを受けて欧米ともに高い賃金上昇率を示しているが、アメリカでは活発な転職、ユーロ圏では物価上昇を受けた労使交渉による賃上げ圧力が作用しているなどの違いがある。このような賃金上昇を受け、雇用者報酬は、アメリカでは増加ペースが物価上昇を上回り実質所得及び消費も緩やかに増加している。一方、欧州では雇用者報酬の増加と物価上昇が拮抗し、実質所得及び消費はおおむね横ばいとなっている。これに加えて、新型コロナウイルス感染症（以下「感染症」という。）拡大時に形成された貯蓄超過は、アメリカでは取崩しが進み消費を下支えしているが、ユーロ圏では引き続き積み増しがみられる。さらに交易利得をみると、アメリカではエネルギー価格下落後も交易利得が発生し、欧州では交易損失が発生している。以上のように賃金、物価、貯蓄の取崩し、交易利得・損失が欧米の回復力の違いをもたらしている。

　欧米の消費者物価は、エネルギー価格の下落を受けて上昇テンポに一服感がみられている。しかしながら、アメリカの住居費以外のサービス価格は、制度要因等の影響を除き、上昇率が高止まりしている。さらに、労働コストは欧米ともに上昇傾向だが、ユーロ圏は景気が足踏み状態の中で賃上げが継続し、労働コストの上昇が財・サービス価格に更なる上昇圧力を加えている。このために、欧米中銀は引締めを継続している。さらに、アメリカでは、３月の銀行経営破綻を受けて地方銀行の経営には市場からの厳しい評価が続いている。こうした金融面からの引締め圧力が続く中、企業向け貸出基準が更に厳格化し、貸出残高は減少傾向である。不動産向け貸出も６月上旬以降は横ばいとなり、貸出全体も伸び悩み、経済活動が鈍化する可能性も考えられる。

　中国は、感染症が収束し経済活動の正常化が進むが、世界的な半導体不況の影響や不動産市場の低迷等から、生産・消費の回復テンポは緩やかであり、失業率は若年が過去最高水準で推移している。

　本節では、このような2023年前半の世界経済の動向を、欧米の景気、雇用及び物価動向、欧米の金融・財政政策及び金融資本市場、並びに中国の景気動向の観点から分析する。

1. 物価上昇下での欧米の回復力の違い

（1）欧米の景気動向

ここでは、実質GDP及び主要項目の動向から欧米の景気を概観し、主要需要項目である個人消費及び設備投資の動向について更に分析する。

（アメリカのGDPはプラス基調を維持し、ユーロ圏や英国ではおおむね横ばいで推移）

まず実質GDPから先進国経済を概観すると、2023年1－3月期から4－6月期はアメリカはそれぞれ前期比年率2.0％及び同2.4％とプラス成長を維持している。一方でユーロ圏はそれぞれ前期比年率0.0％及び同1.1％、英国は2022年10－12月期から2023年1－3月期にかけては前期比年率0.5％及び同0.5％となり、おおむね横ばいで推移している（第1-1-1図）。

次に、GDPの需要項目別の動向を確認する。個人消費については、サービス消費によるけん引が各国に共通にみられる中で、アメリカにおいては、名目雇用者報酬が物価指数を上回って上昇基調にあることや貯蓄超過の取崩しが進んでいることを背景に（後述）、緩やかに増加している。一方、ユーロ圏及び英国においては、名目雇用者報酬と物価指数の上昇率が拮抗していることも受け、おおむね横ばい傾向となっている[1]。

設備投資については、各国ともに機械・機器投資がけん引する中で、知的財産生産物投資はアメリカと英国においては設備投資をより引き上げる動きがみられている（後述）。また、アメリカの設備投資の持ち直しペースはユーロ圏及び英国よりも強いことが確認できる。

住宅投資については、経済活動の再開に伴い、アメリカにおいては金融緩和や郊外住宅需要の高まり等を受けて2020年後半から2021年1－3月期にかけて、感染症拡大前の2019年10－12月期比で約120％の水準まで急速に回復した後、高い水準が維持されてきた。その後、2022年4－6月期以降は急速な金融引締めを受けて前期比年率▲20～▲30％程度で急速に低下したものの、2023年4－6月期においては同▲4.1％と減少ペースが緩やかとなっている（1章2節参照）。一方、ユーロ圏と英国については、住宅需要の回復基調がアメリカと比べ緩やかであったものの、急速な金融引締めを受けて2022年半ば以降は緩やかな低下がみられている。

---

[1] その他、IMF (2023e)では、金融引締めに際して、高所得者は借入制約が弱く、金利の上昇によって引き起こされる異時点間の消費の代替効果が強いため、低所得者よりも消費を減少させると指摘している。

また、本指摘の論拠となったGrigoli and Sandri (2022)では、ドイツの100万個以上の信用口座から得られる日次取引データを用いて、金融引締めは裁量財との代替効果により食料等の必需品消費を緩やかに増加させ、またその影響は高所得世帯により強く表れることを確認している。

また、貿易面をみると、輸出については、アメリカは2022年後半から2023年１－３月期にかけては原油や天然ガス等の工業原材料を中心に緩やかに増加した後に４－６月期にはおおむね横ばい状態となり[2]、ユーロ圏及び英国は持ち直しから足踏み傾向となった。輸入については、アメリカは国内需要が財からサービスへとシフトしたこと等を受けて2022年以降は総じてみれば横ばいとなっており、ユーロ圏及び英国においては減速傾向となっている（第1-1-2図）。

　以下では、主要な需要項目である個人消費と設備投資について更に分析を行う。

第1-1-1図　先進国の実質GDP

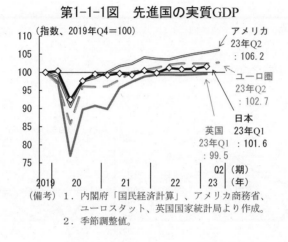

（備考）　1．内閣府「国民経済計算」、アメリカ商務省、
　　　　　　　ユーロスタット、英国国家統計局より作成。
　　　　　2．季節調整値。

第1-1-2図　先進国の実質GDP　需要項目別の動向
（個人消費）

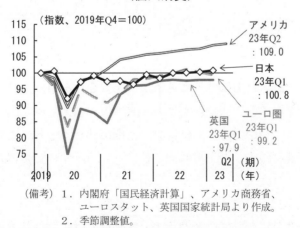

（備考）　1．内閣府「国民経済計算」、アメリカ商務省、
　　　　　　　ユーロスタット、英国国家統計局より作成。
　　　　　2．季節調整値。

---

[2] 2021年以降のアメリカの貿易動向についての詳細は竹内（2023）を参照。

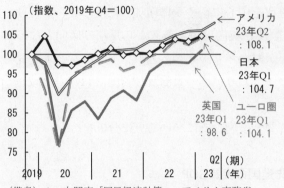

（設備投資）

（指数、2019年Q4＝100）

アメリカ
23年Q2
：108.1

日本
23年Q1
：104.7

英国　　ユーロ圏
23年Q1　23年Q1
：98.6　：104.1

（備考）1．内閣府「国民経済計算」、アメリカ商務省、
　　　　　ユーロスタット、英国国家統計局より作成。
　　　　2．ユーロ圏は公的部門を含む機械設備投資。
　　　　　その他の国は民間非住宅設備投資。
　　　　3．季節調整値。

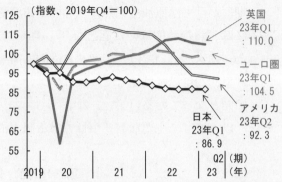

（住宅投資）

（指数、2019年Q4＝100）

英国
23年Q1
：110.0

ユーロ圏
23年Q1
：104.5

アメリカ
23年Q2
：92.3

日本
23年Q1
：86.9

（備考）1．内閣府「国民経済計算」、アメリカ商務省、
　　　　　ユーロスタット、英国国家統計局より作成。
　　　　2．ユーロ圏は公的部門を含む。その他の国は
　　　　　民間住宅投資。
　　　　3．季節調整値。

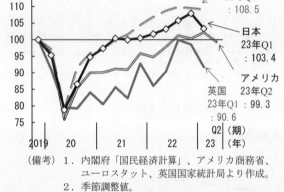

（輸出）

（指数、2019年Q4＝100）

ユーロ圏
23年Q1
：108.5

日本
23年Q1
：103.4

アメリカ
23年Q2
：99.3

英国
23年Q1：90.6

（備考）1．内閣府「国民経済計算」、アメリカ商務省、
　　　　　ユーロスタット、英国国家統計局より作成。
　　　　2．季節調整値。

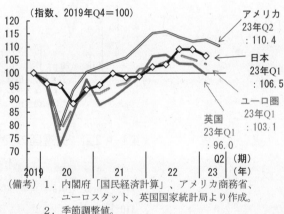

（輸入）

（指数、2019年Q4＝100）

アメリカ
23年Q2
：110.4

日本
23年Q1
：106.5

ユーロ圏
23年Q1
：103.1

英国
23年Q1
：96.0

（備考）1．内閣府「国民経済計算」、アメリカ商務省、
　　　　　ユーロスタット、英国国家統計局より作成。
　　　　2．季節調整値。

（個人消費（1）：欧米ともにサービス支出が消費をけん引）

　まず、個人消費をみると、米欧ともにサービス支出によりけん引されていることが確認できる。アメリカについては、経済活動の再開に伴うサービス需要の回復とその持続から、サービス消費は緩やかな上昇傾向が続いている。サービス消費の内訳をみると、経済活動再開に伴う飲食・宿泊サービスは引き続き上昇傾向が続く中、介護サービス等のヘルスケアへの支出が消費をけん引している（第1-1-3図）。なお、これまで回復が遅れていた娯楽サービスについては2023年1－3月期にはおおむね感染症拡大前の水準を

回復したものの、輸送サービスについては引き続き回復に足踏みがみられている[3]。
　また、欧州についても、旅行代理店、宿泊業、飲食サービス業を含むサービス業の景況感は2022年後半において低下したものの、2023年に入り、暖冬等を受けて旅行が活発になったこと等から引き続き上昇傾向で推移しており、消費をけん引していることがうかがえる（第1-1-4図）。

第1-1-3図　アメリカの実質個人消費支出（財・サービス別、サービス支出の内訳）

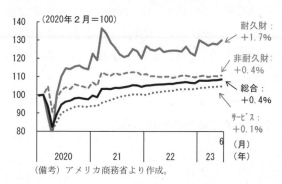

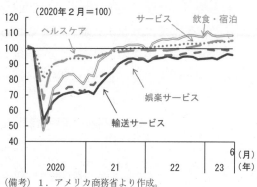

（備考）アメリカ商務省より作成。

（備考）　1．アメリカ商務省より作成。
　　　　　2．各系列の2022年におけるウエイトは、サービス（61.8）、飲食・宿泊（6.5）、ヘルスケア（16.3）、娯楽サービス（3.4）、輸送サービス（3.1）。

第1-1-4図　ユーロ圏のサービス業景況感

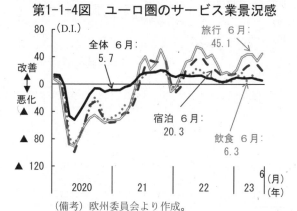

（備考）欧州委員会より作成。

---

[3] アメリカ運輸省が公表している輸送サービス指数によると、輸送サービスのうち貨物需要はおおむね回復しているものの、旅客需要の回復が遅れている。

（個人消費（2）：アメリカでは雇用者報酬が物価を上回るも、欧州では両者が拮抗）

　続いて、個人消費の推移を所得面から確認するために、アメリカ、ユーロ圏及び英国において、感染症拡大以降の名目雇用者報酬、物価指数[4]及び実質個人消費支出を比較してみる。

　３つの国・地域ともに感染症拡大後の名目雇用者報酬の回復基調はおおむね同じであるが、アメリカにおいては2021年央以降は名目雇用者報酬が物価指数を上回って推移しており、実質的な購買力の向上を伴った自律的な個人消費の緩やかな増加が続いている。一方でユーロ圏と英国においては2022年半ば以降は、名目雇用者報酬はユーロ圏では加速し、英国では減速する動きがみられるものの、物価指数との関係をみると、名目雇用者報酬と物価指数の上昇ペースが拮抗している。そのために実質的な購買力の向上はみられず、個人消費はおおむね横ばい傾向となっている（第1-1-5図）。

第1-1-5図　雇用者報酬と物価、個人消費の推移（国別）

（アメリカ）

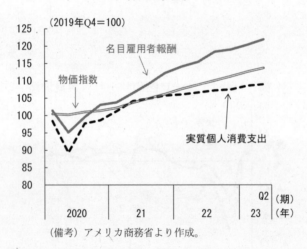

（備考）アメリカ商務省より作成。

----

[4] アメリカは個人消費支出デフレーター（季節調整値）、ユーロ圏は消費者物価指数（HICP、未季節調整値）、英国は消費者物価指数（総合、未季節調整値、帰属家賃除く）。

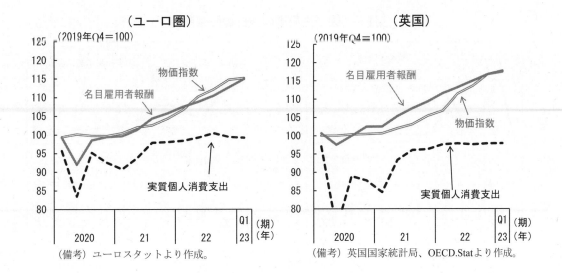

（ユーロ圏）

（2019年Q4＝100）

物価指数

名目雇用者報酬

実質個人消費支出

2020　　21　　22　　Q1 （期）
　　　　　　　　　　　23 （年）

（備考）ユーロスタットより作成。

（英国）

（2019年Q4＝100）

名目雇用者報酬

物価指数

実質個人消費支出

2020　　21　　22　　Q1 （期）
　　　　　　　　　　　23 （年）

（備考）英国国家統計局、OECD.Statより作成。

（個人消費（３）：貯蓄超過はアメリカにおいては取崩しが進み、消費を下支え）

　また、貯蓄超過の取崩しの有無も消費の回復力の差異をもたらしていると考えられる。感染症拡大前（2019年）までのフローの貯蓄額を超える分を積み上げた貯蓄超過ストックは、実質ベースでみるとアメリカにおいては2021年４－６月期にかけて約2.0兆ドル（対実質GDP比約10％）まで増加した。2021年10－12月期以降は物価上昇の高まりによる目減りもみられたものの、2023年１－３月期においても約1.1兆ドル（対実質GDP比約５％）分が残されている[5]。この間、毎期0.1～0.3兆ドルが取り崩され消費を下支えしている。

　一方、ユーロ圏においては、物価上昇下ではあるものの、緩やかながらも貯蓄を積み増す動きが続き、2022年10－12月期では実質ベースの貯蓄超過ストックは約1.1兆ユーロ（対実質GDP比約3.8％）残されており、消費の下支えには寄与していない（第1-1-6図）。

---

[5] Aladangady et al. (2022)では、2022年４－６月期においては、貯蓄超過の大半は上位50％の所得階層が保持しているものの、下位50％の所得階層においても１世帯当たり5,500ドルを保持しており、貯蓄超過は取り崩し終わっていないとの試算がなされている。

第1-1-6図　主要国の家計の貯蓄超過

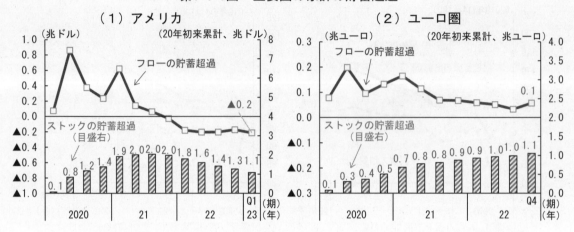

（1）アメリカ　　　　　　　　（20年初来累計、兆ドル）

フローの貯蓄超過

ストックの貯蓄超過
（目盛右）

▲0.2

0.1 0.8 1.2 1.4 1.9 2.0 2.0 2.0 1.8 1.6 1.4 1.3 1.1

2020　　　21　　　22　　Q1（期）　23（年）

（2）ユーロ圏　　　　　　　（20年初来累計、兆ユーロ）

フローの貯蓄超過

ストックの貯蓄超過
（目盛右）

0.1

0.1 0.3 0.4 0.5 0.7 0.8 0.8 0.9 0.9 1.0 1.0 1.1

2020　　　21　　　22　　Q4（期）（年）

（備考）　1．アメリカ商務省、ユーロスタット、OECD.Statより作成。季節調整値。
　　　　　2．貯蓄超過（フロー、ストック）の前提となる各四半期の貯蓄額は、アメリカは、家計可処分所得（年換算額）を4で除した数値と、家計最終消費支出（年換算額）を4で除した数値の差。ユーロ圏は、各四半期における家計可処分所得と家計最終消費支出の差。
　　　　　3．アメリカの各四半期の貯蓄額の前提となる家計可処分所得は、当局公表値から個人の利子支払及び経常移転支出を除いた数値を使用。
　　　　　4．フローの貯蓄超過額は名目値、ストックは実質値。

（設備投資：欧米では機械・機器投資に加えて知的財産生産物投資が設備投資をけん引）

　続いて、設備投資の動向を確認する。アメリカにおいては、2023年4－6月期にかけて、機械・機器投資が振れを伴いながらもプラス寄与の傾向で推移している。加えて、R&Dやソフトウェアといった知的財産生産物投資が一貫して上昇傾向で推移するとともに、感染症拡大以降はマイナス寄与が続いていた商業施設がプラスの寄与に転じたこと等を受けて構築物投資が回復した。このことから、設備投資全体は感染症拡大以前の水準を超えて緩やかに持ち直している（第1-1-7図）。

　ユーロ圏においては、知的財産生成物投資は、感染症拡大前の水準を回復していないものの、変動を伴いながら緩やかな上昇傾向で推移している。一方、機械・機器投資及び構築物投資は、既に感染症拡大前の水準を超えており、引き続き緩やかな上昇傾向で推移している。そのために設備投資全体としては緩やかに持ち直している（第1-1-8図）。

　英国においては、構築物投資が感染症拡大以降は横ばいで推移しているものの、機械・機器投資や知的財産生産物投資が感染症拡大前の水準を超えて上昇傾向で推移している。設備投資全体としては、感染症拡大前の水準には届かないものの、緩やかに持ち直している（第1-1-9図）。

　以上のように、各国ともに機械・機器投資がけん引する中で、知的財産生産物投資はアメリカと英国においては設備投資をより引き上げる動きがみられており、総じて緩や

かに持ち直している。

第1-1-7図　アメリカの実質民間設備投資

（1）指数

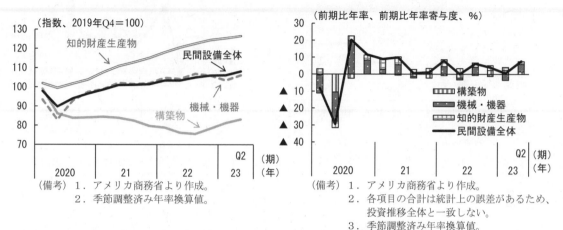

（2）寄与度

（備考）1. アメリカ商務省より作成。
　　　　2. 季節調整済み年率換算値。

（備考）1. アメリカ商務省より作成。
　　　　2. 各項目の合計は統計上の誤差があるため、
　　　　　 投資推移全体と一致しない。
　　　　3. 季節調整済み年率換算値。

第1-1-8図　ユーロ圏の実質民間設備投資

（1）指数

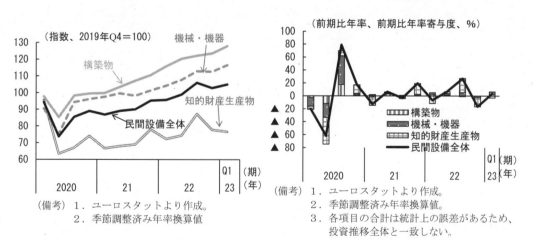

（2）寄与度

（備考）1. ユーロスタットより作成。
　　　　2. 季節調整済み年率換算値

（備考）1. ユーロスタットより作成。
　　　　2. 季節調整済み年率換算値。
　　　　3. 各項目の合計は統計上の誤差があるため、
　　　　　 投資推移全体と一致しない。

第1-1-9図　英国の実質民間設備投資

（1）指数

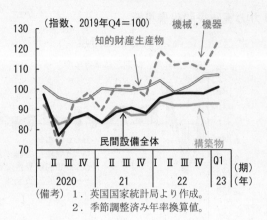

（指数、2019年Q4＝100）

機械・機器

知的財産生産物

民間設備全体

構築物

I II III IV I II III IV I II III IV Q1 （期）
2020　　　　21　　　　22　　23 （年）

（備考）　1．英国国家統計局より作成。
　　　　　2．季節調整済み年率換算値。

（2）寄与度

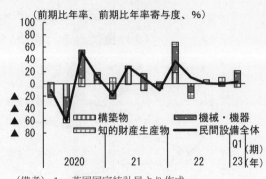

（前期比年率、前期比年率寄与度、%）

構築物　　　　　　　機械・機器
知的財産生産物　　　民間設備全体

2020　　　　21　　　22　　23 （年）
　　　　　　　　　　　　　　　Q1（期）

（備考）　1．英国国家統計局より作成。
　　　　　2．季節調整済み年率換算値。
　　　　　3．各項目の合計は統計上の誤差があるため、
　　　　　　　投資推移全体と一致しない。

コラム1　設備投資と実質金利

　基本的なマクロ経済理論では、企業は設備投資をコストとベネフィットが等しくなるように決めると考えられている。つまり、企業は資本の限界費用と限界生産性が等しくなるように資本ストックを調整、すなわち設備投資を決定するが、資本の限界費用として最も重要なものは実質金利である。実質金利が上昇すれば、それに見合った効率的な生産ができる水準まで資本ストックを減らす、すなわち設備投資を減耗分以下に減らすことも、企業にとっては合理的な選択となる。

　この実質金利が割安か割高かを測る一つの基準として、ヴィクセルが19世紀末に提唱した自然利子率という概念がある。ヴィクセルは「商品価格に対して中立的であり、商品価格を上昇させることも低下させることもない一定の貸出金利が存在する。これは、貨幣が使われず、全ての貸出が実物資本財の形で行われた場合、需要と供給によって決定される金利と必然的に同じになる。これを資本に対する自然利子率の現在価値と表現しても、ほとんど同じことになる。[6]」と述べており、物価を安定させるとともに実物市場（財市場）の需給を均衡させるような実質金利を自然利子率と呼んでいる。

　この自然利子率の概念は、現代でもマクロ経済学及び金融政策当局にも受け継がれている。Holston et al. (2017)においては、自然利子率は「生産が自然成長率[7]と等しく、インフレ率が一定である場合の実質短期金利」と定義され、NY連銀より推計値が公表されている[8]。さらに、IMF (2023e)では自然利子率を「経済成長を刺激もせず収縮もさせないような実質金利」と説明している[9]。

　そこで、自然利子率と設備投資の関係について、2000年以降のアメリカにおける実質金利と自然利子率との差分と設備投資対GDP比の関係を例に、確認する。理論的には、実質金利が自然利子率よりも高いほど資本の限界費用が割高となるので設備投資は鈍化すると考えられる。推計の結果[10]、実質金利と自然利子率にかい離がない場合、設備投資対GDP比は13％程度となり、そこから実質金利と自然利子率のかい離幅が1％ポイント広がると、平均的にみて設備投資対GDP比が0.76％ポイント低下する傾向がみられた

---

[6] Wicksell (1898) のp.102では以下のように述べられている。"There is a certain rate of interest on loans which is neutral in respect to commodity prices, and tends neither to raise nor to lower them. This is necessarily the same as the rate of interest which would be determined by supply and demand if no use were made of money and all lending were effected in the form of real capital goods. It comes to much the same thing to describe it as the current value of the natural rate of interest on capital."

[7] 自然成長率は資本をすべて利用した下で成立する実質成長率。労働生産性の増加率と労働人口の増加率を加えて推計される。

[8] https://www.newyorkfed.org/research/policy/rstar

[9] なお、労働市場まで考慮すれば、自然利子率は完全雇用を達成する賃金率と解釈できる。櫻川 (2022)では、「完全雇用に対応する利子率を自然利子率と定義」している。したがって、一定の条件の下、実質金利が自然利子率よりも低いことは企業にとって完全雇用を達成した場合の労働コストよりも資本コストが割安である一方、実質金利が自然利子率よりも高いことは企業にとって労働コストよりも資本コストが割高であると解釈できる。

[10] 推計の詳細については付注1－1を参照。

（図１）。これは理論的示唆と整合的である。なお、2023年４－６月期は実質利子率と自然利子率の差が0.8％ポイントまで開いたものの、設備投資対GDP比は14.9％と高止まりしている。

図１　設備投資対GDP比と実質金利と自然利子率の差

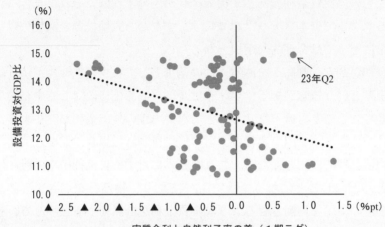

（備考）　1．アメリカ商務省、ニューヨーク連邦準備銀行、
　　　　　　　ブルームバーグより作成。
　　　　　2．推計期間は2000年１－３月期～2023年４－６月期。
　　　　　3．推計式は$Invest_t=\beta_1+\beta_2 R_{t-1}+\varepsilon_t$。
　　　　　4．Investは実質民間設備投資（住宅を除く）を実質GDPで除した数値。
　　　　　　　Rは市場実質金利から自然利子率を引いた数値。市場実質金利と自
　　　　　　　然利子率は２か月移動平均を使用。β_1, β_2はパラメータ、εは誤差項。
　　　　　5．自由度修正済み決定係数は0.14。

　次に、IMF (2023e)のデータを用いて米欧の自然利子率と実質利子率の推移を確認してみる。実質金利は米欧ともに物価上昇を受けて2021年末にかけて低下傾向が続いたものの、2022年以降は金融引締めを受けて、アメリカは実質金利が急速に上昇しており、英国は緩やかに上昇、ドイツにおいては横ばい傾向で推移している（図２）。しかしながら、2022年10－12月期にかけてはいずれの国においても実質金利が自然利子率を下回っており、資本コストは割安であり、金利を引き上げたにも関わらず、景気刺激的な金融環境であったことが示唆されている。

　なお、IMF (2023e)によれば、自然利子率の主な決定要因は人口やTFP成長率等である。人口が増え、技術進歩が進めば自然利子率は上昇すると考えられ、同一の物価上昇率の下での実質金利は相対的に低くなり、より投資促進的な環境となり得る。そのために少子化対策や成長戦略は設備投資促進の上でも重要な政策と考えられる。

図2　自然利子率[11]と実質金利（2019年10−12月期からの変化幅）

（1）アメリカ

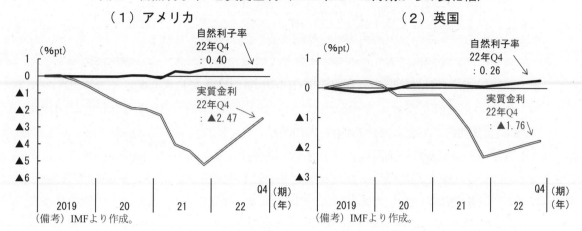

（％pt）

自然利子率
22年Q4
：0.40

実質金利
22年Q4
：▲2.47

2019　20　21　22　Q4（期）
（年）

（備考）IMFより作成。

（2）英国

（％pt）

自然利子率
22年Q4
：0.26

実質金利
22年Q4
：▲1.76

2019　20　21　22　Q4（期）
（年）

（備考）IMFより作成。

（3）ドイツ

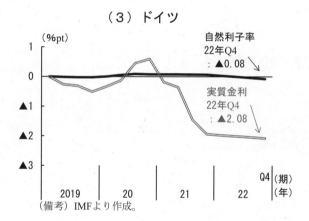

（％pt）

自然利子率
22年Q4
：▲0.08

実質金利
22年Q4
：▲2.08

2019　20　21　22　Q4（期）
（年）

（備考）IMFより作成。

---

[11] IMF (2023e)ではHolston et al. (2017)に基づいて自然利子率を推計している。閉鎖経済のニューケインジアンモデル
を想定しており、アメリカ、英国、ドイツ等のように経済規模が大きく貿易が一国経済に及ぼす影響が限定的である
先進国の分析に即したモデル設定となっている。

（交易利得・損失：格差は縮小するものの、アメリカには利得、欧州には損失）

　上記のように、個人消費と設備投資において、アメリカがユーロ圏と英国を上回って推移しているが、その要因の一つに交易利得及び損失も考えられる。

　アメリカは、2022年に入りウクライナ情勢を背景としたエネルギー価格高騰等を受けて、2022年4－6月期には交易利得が対GDP比で1.4％まで拡大した。その後はエネルギー価格の下落等を受けてやや減少したものの、2023年1－3月期でも、対GDP比1.2％の交易利得が発生している（第1-1-10図）。

　一方、ユーロ圏及び英国では、ウクライナ情勢によりエネルギー価格が高騰したこと、また2022年7－9月期にはユーロ及びポンドの対ドル為替レートの下落も加わり、ユーロ圏の交易損失は対GDP比で▲2.8％、英国は同▲1.9％まで悪化した。その後エネルギー価格の下落や為替レートの上昇等を受けて、2023年1－3月期にはユーロ圏では対GDP比▲1.3％、英国では同▲0.9％まで縮小したものの、引き続き大幅な交易損失が発生している。

第1-1-10図　先進国の実質交易利得・損失

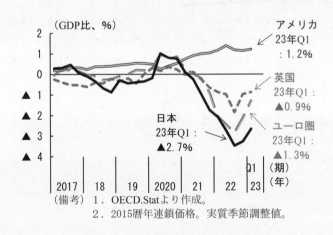

（備考）　1．OECD.Statより作成。
　　　　　2．2015暦年連鎖価格。実質季節調整値。

（アメリカの回復力がユーロ圏・英国よりも強いのは実質所得の違い）

　以上より、アメリカ、ユーロ圏及び英国の景気動向について整理する。

　個人消費については、サービス支出がけん引する構造は、アメリカ、ユーロ圏及び英国ともに変わらない。しかし、アメリカにおいては実質的な購買力の向上を伴った自律的な個人消費の緩やかな増加が続いているが、ユーロ圏と英国においては実質的な購買力の向上はみられておらず、個人消費はおおむね横ばい傾向となっている。さらに、貯蓄超過はアメリカでは取崩しが進み、個人消費を下支えしている。

設備投資については、各国ともに機械・機器投資がけん引する中で、知的財産生産物はアメリカと英国においては設備投資をより引き上げる動きがみられている。また、アメリカの設備投資の持ち直しペースはユーロ圏及び英国よりも強いことが確認できるが、各国・地域ともに総じて緩やかに持ち直している。また、住宅投資については、金融引締めが進む下でもアメリカは減少ペースが緩やかとなっている一方で、ユーロ圏と英国については緩やかな低下がみられている。

以上をまとめると、アメリカの景気は主に個人消費の自律的な回復に支えられ、回復力はユーロ圏や英国に比べて相対的に強い。また、このような動向の差異を生み出すマクロ的な要因の一つとして、アメリカにおける交易利得、欧州における交易損失も考えられる。欧米を総じてみれば、ユーロ圏及び英国は景気は足踏み状態ではあるものの、景気は底堅い状況が続いていると考えられる。

（2）欧米の雇用動向

ここでは、需給両面から労働市場の動向を分析し、労働供給はおおむね感染症拡大以前の水準を回復しているものの、労働需要が引き続き強いことから、労働市場の引締まりが続いていることを確認する。

（欧米ともに労働供給は感染症拡大以前の水準をおおむね回復）

まず、感染症拡大以降の労働供給の回復状況を生産年齢人口（15〜64歳）における労働力人口（就業者＋完全失業者）及び労働参加率（各年齢層の労働力人口が当該年齢層の人口に占める割合）から確認する。

生産年齢人口における労働力人口をみると、アメリカ及び英国においては感染症拡大前をおおむね回復しており、ユーロ圏は感染症拡大前の水準を超えて労働供給が増加している（第1-1-11図）。

続いて、労働参加率の動向を、生産年齢人口（15〜64歳）、その内訳の25〜54歳及び55〜64歳、加えて65歳〜74歳の各年齢階層においてみてみる[12]（第1-1-12図）。生産年齢人口における労働参加率をみると、アメリカにおいては2023年1－3月期において感染症拡大前の水準を回復しており、25〜54歳のみならず55〜64歳においても回復していることが確認できる。ユーロ圏においては感染症拡大前の水準を上回って推移しており、特に55〜64歳においては、感染症拡大に伴う労働参加率の低下が軽微であり、2021年以

---

[12] 内閣府（2023）においては、アメリカにおける労働参加率の動向を25〜54歳（プライムエイジ）と55歳以上の年齢層に分け、55歳以上の年齢層の労働参加率がベビーブーマー世代（1946〜1964年に生まれた世代）の引退を背景に感染症拡大以降は低迷し、改善がみられていないとしている。

降は上昇傾向が続いていることが確認できる。英国においては、経済不活発率の上昇[13][14]により低下傾向が続き、回復に遅れがみられていたが、2023年1－3月期に感染症収束に伴い短時間労働者が増加したこと等により急回復し、感染症拡大前の水準をおおむね回復している。

　さらに、65～74歳における労働参加率をみると、アメリカでは感染症拡大以前の水準からおおむね1％程度低い水準で横ばいで推移しており、ベビーブーマー世代の引退の影響がみられている。一方で、英国においては感染症拡大以降もおおむね横ばいで推移した後で2022年10－12月期以降はやや上昇しており、前述の経済不活発率の上昇の影響はみられておらず、ユーロ圏においては緩やかな上昇傾向がみられている。

第1-1-11図　欧米の労働力人口（生産年齢人口）

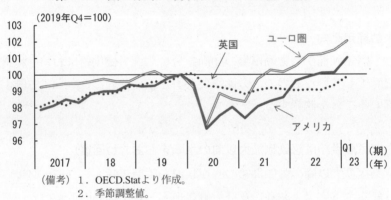

（備考）　1．OECD.Statより作成。
　　　　　2．季節調整値。

---

[13] 就業意欲の欠如等による早期退職の増加、休業者への職業訓練等の適切なサポートの欠如等による労働参加の後退を指す。英国における高齢者の経済不活発率の要因については齋藤（2023）参照。
[14] 英国における経済不活発率の上昇については内閣府（2023）参照。また、Sheiner and Salwati (2022)によると、アメリカでは感染症拡大後、身体的、精神的問わず日々の生活に困難を生じさせるような障害を報告する人々が大きく増加した一方、これらの人々の労働参加率が上昇したことで、労働市場への影響は軽微なものにとどまっていると報告されている。

第1-1-12図　欧米の労働参加率

（1）15～64歳

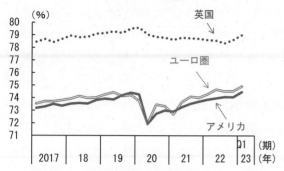

（備考）　1．OECD.Statより作成。
　　　　　2．アメリカ、英国は16～64歳。
　　　　　3．季節調整値。

（2）25～54歳

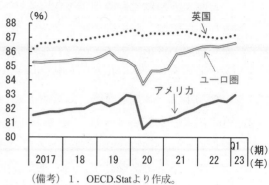

（備考）　1．OECD.Statより作成。
　　　　　2．季節調整値。

（3）55～64歳

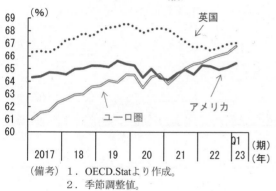

（備考）　1．OECD.Statより作成。
　　　　　2．季節調整値。

（4）65～74歳

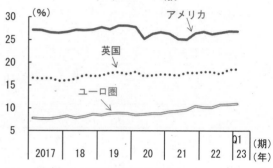

（備考）　1．OECD.Statより作成。
　　　　　2．季節調整値。

コラム２　労働力人口の変化の要因分解

　労働力人口は労働参加率と人口の積で表されることから、労働力人口の変化分は労働参加率を固定した場合の人口変化によるもの（人口要因）と、人口を固定した場合の労働参加率の変化によるもの（参加率要因）に分解できる。これにより感染症拡大及び収束に伴う参加率の変化分のみを抽出できる。

　2020年１−３期を基準としてみると、アメリカでは、感染症拡大に伴う労働参加率の低下により2020年４−６月期には約535万人の労働力人口が減少したが、2023年１−３月期までに74歳以下の階層においては参加率要因だけで約555万人増加し、減少分を回復していることが確認できる。また、ユーロ圏においては、74歳以下の階層において参加率要因だけで約822万人増加し、労働力人口の増加が労働参加率の向上のみでほぼ説明できる。一方で英国においては、参加率要因による回復幅は十分ではないものの、減少幅と比較してもその差は小さく、人口要因も考慮すると感染症拡大前の水準はおおむね回復しているといえる。

表1　労働力人口の変化の要因分解

アメリカ　　（万人）

	人口要因					参加率要因				
	15〜74歳	15〜24歳	25〜54歳	55〜64歳	65〜74歳	15〜74歳	15〜24歳	25〜54歳	55〜64歳	65〜74歳
2020年１−３月期〜４−６月期の変化	18	▲ 8	10	10	6	▲ 535	▲ 185	▲ 282	▲ 41	▲ 27
2020年４−６月期〜2023年１−３月期の変化	209	96	124	▲ 51	40	555	209	302	49	▲ 5
回復率%	1151	1135	1190	▲ 508	646	104	113	107	121	▲ 20

ユーロ圏　　（万人）

	人口要因					参加率要因				
	15〜74歳	15〜24歳	25〜54歳	55〜64歳	65〜74歳	15〜74歳	15〜24歳	25〜54歳	55〜64歳	65〜74歳
2020年１−３月期〜４−６月期の変化	▲ 42	▲ 18	▲ 64	28	12	▲ 324	▲ 97	▲ 175	▲ 47	▲ 4
2020年４−６月期〜2023年１−３月期の変化	82	38	▲ 92	138	▲ 2	822	178	396	156	93
回復率%	197	219	▲ 144	488	▲ 13	254	183	226	331	2072

英国　　　（万人）

	人口要因					参加率要因				
	15〜74歳	15〜24歳	25〜54歳	55〜64歳	65〜74歳	15〜74歳	15〜24歳	25〜54歳	55〜64歳	65〜74歳
2020年１−３月期〜４−６月期の変化	▲ 3	▲ 1	▲ 5	4	▲ 1	▲ 29	▲ 9	▲ 11	▲ 4	▲ 4
2020年４−６月期〜2023年１−３月期の変化	19	▲ 1	4	14	2	11	7	3	▲ 6	8
回復率%	645	▲ 54	74	359	383	40	76	28	▲ 161	175

（備考）　1．OECD Statより作成。季節調整値。
　　　　　2．t期の労働参加率をr(t)、人口をP(t)とすると、労働力人口L(t)は、L(t)=r(t)P(t)であり、
　　　　　　 ΔL(t)＝r(t)ΔP(t)＋Δr(t)P(t)＝人口要因＋参加率要因　と分解できる。
　　　　　3．回復率は2020年１−３月期から４−６月期にかけての減少分に対する
　　　　　　 2020年４−６月期から2023年１−３月期までの増加分の比率。

（総じて、女性の労働参加率がより上昇）

　次に、生産年齢人口の労働参加率を男女別に分けて、労働供給の回復状況を確認する。各国・地域ともに女性の労働参加率の回復が早い一方で男性の参加率の改善は遅れ、特に英国の男性は経済不活発率の上昇を受けて回復に時間を要している（第1-1-13図）。

第1-1-13図　男女別労働参加率（15〜64歳）

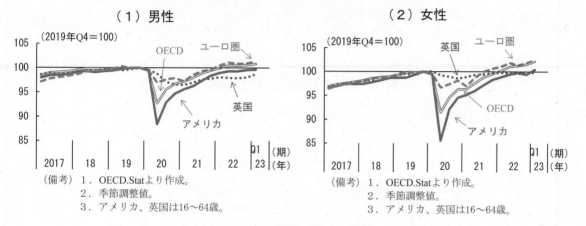

（1）男性

（2）女性

（備考）　1．OECD.Statより作成。
　　　　　2．季節調整値。
　　　　　3．アメリカ、英国は16〜64歳。

（備考）　1．OECD.Statより作成。
　　　　　2．季節調整値。
　　　　　3．アメリカ、英国は16〜64歳。

Box. 女性の労働参加率の長期的な傾向

　女性の労働参加率の動向について長期的に確認すると、ユーロ圏及び英国の女性の労働参加率は上昇傾向である一方で、アメリカは1990年代後半をピークとして、その後は緩やかな低下傾向にあった（図１）。アメリカの大統領経済報告[15]はこの理由として、行政による子育て支援や医療支援が少ないことを挙げ、公的支援が向上すれば労働参加が促されるとの見解を示している。

図１　女性の労働参加率（15〜64歳）

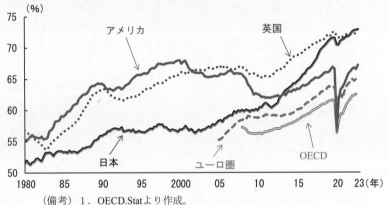

（備考）　1．OECD.Statより作成。
　　　　　2．季節調整値。
　　　　　3．ユーロ圏は2005年、OECDは2008年以降の値。
　　　　　4．アメリカ、英国は16〜64歳。

[15] CEA (2023)

（欧米ともに労働需要は引き続き強く、労働市場は依然引き締まっている）

　続いて、経済活動再開に伴う労働需要の強さを求人率（求人数／（求人数＋雇用者））
の動向から確認する。2020年後半から米欧ともに経済活動の再開等を受けて労働需要が
増加したことから求人率が上昇に転じ、2022年前半にかけてアメリカは6.9％、ユーロ
圏は3.2％、英国は3.8％と、感染症拡大前（2019年10－12月期）と比べてそれぞれ
2.7％ポイント、1.0％ポイント及び1.4％ポイント上昇した。その後、金融引締めが進
んだこともあり、求人率は各国ともに緩やかな低下傾向となったものの、2023年１－３
月期においては、アメリカは感染症拡大前（同）から1.7％ポイント、ユーロ圏は0.8％
ポイント、英国は0.8％ポイント高い水準で推移しており、労働需要の強さが引き続き
みられている（第1-1-14図）。

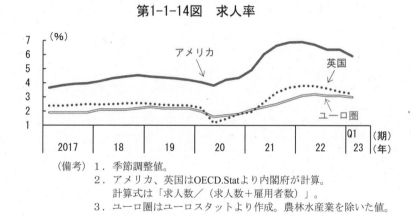

第1-1-14図　求人率

（備考）　１．季節調整値。
　　　　　２．アメリカ、英国はOECD.Statより内閣府が計算。
　　　　　　　計算式は「求人数／（求人数＋雇用者数）」。
　　　　　３．ユーロ圏はユーロスタットより作成。農林水産業を除いた値。

　欧米ではこのように、労働供給が感染症拡大以前の水準をおおむね回復する、ないし
は増加傾向がみられる中で、労働需要も引き続き旺盛な状況が続いていることから、労
働需給は結果として依然として引き締まった状況が続いている。アメリカの失業率は
2023年６月は3.6％、ユーロ圏は同年５月は6.5％、英国は同4.0％といずれの国・地域
も低水準[16]で推移している（第1-1-15図）。

---

[16] アメリカは第２次オイルショック以降、ユーロ圏はユーロ通貨導入（1999年１月）以降、英国は第２次オイルショ
ック以降の最低水準。

第1-1-15図　欧米の失業率

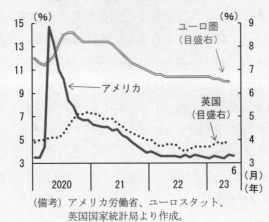

(備考) アメリカ労働省、ユーロスタット、
　　　英国国家統計局より作成。

（3）欧米の物価動向

　一般的に、労働市場の引締まりは労働コストの上昇を促し、国内に起因する物価の押上げ要因となる。ここでは、こうした労働コストの動向についてみていく。また、それ以外の物価の押上げ要因として、輸入物価の動向も確認する。

（単位労働費用はユーロ圏において米国よりも上昇ペースが加速）

　前述のような労働市場の引締まりが物価に与える影響を考察するために、賃金及び労働コストの指標である単位労働費用（実質GDPを一単位生産するために必要な名目総労働費用）の推移をみてみる。

　欧米の賃金[17]の伸び率（前年同期比）は、2010年代後半は各国とも２％台であったが[18]、感染症拡大後はいずれの国も労働需給の引締まりを受けて伸び率の上昇がみられている（第1-1-16図）。アメリカは、活発な転職も賃金上昇に寄与していることから（２節参照）、伸び率は2022年１－３月期にかけて5.6％まで上昇した後、2023年４－６月期にかけて4.4％まで低下するものの、引き続き高い伸び率となっている。ユーロ圏は2021年７－９月期は2.2％であったが、物価上昇を受けた賃上げも加わり、2023年１－３月期は4.3％まで上昇した。英国は、2021年９－12月期は3.6％であったが、2023年１－３月期には6.8％まで上昇している。

　このような賃金上昇を背景に、単位労働費用は2021年半ば以降は各国ともに上昇傾向が続いている。特に2023年１－３月期にかけて、アメリカは実質GDPの成長が続く下、賃金及び名目雇用者報酬の伸びの低下を受けて単位労働費用の上昇ペースが鈍化する一方、ユーロ圏は景気が足踏み状態となる中で賃金及び名目雇用者報酬の伸びが加速したことを受けて、単位労働費用の上昇ペースが加速する動きがみられている（第1-1-17図）。なお、英国においては賃金上昇率が加速しているものの名目雇用者報酬の伸びが横ばいとなっているが、この背景としては前述の労働参加率の回復の遅れ等が考えられる。

---

[17] アメリカは雇用者（農業除く民間）の時間当たり給与、ユーロ圏は雇用者（農業除く一国計）の時間当たり給与、英国は雇用者（一国計）の週当たり給与。
[18] 2015年１－３月期から2019年９－12月期の賃金上昇率（前年同期比）の平均は、アメリカは2.7％、ユーロ圏は2.1％、英国は2.7％。

第1-1-16図　欧米の賃金上昇率

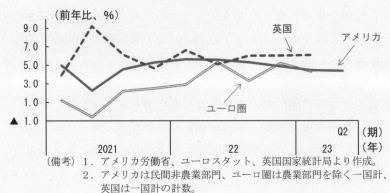

（前年比、%）

英国

アメリカ

ユーロ圏

2021　　22　　23　Q2（期）
（年）

（備考）　1．アメリカ労働省、ユーロスタット、英国国家統計局より作成。
　　　　　2．アメリカは民間非農業部門、ユーロ圏は農業部門を除く一国計、
　　　　　　　英国は一国計の計数。

第1-1-17図　欧米の単位労働費用の推移

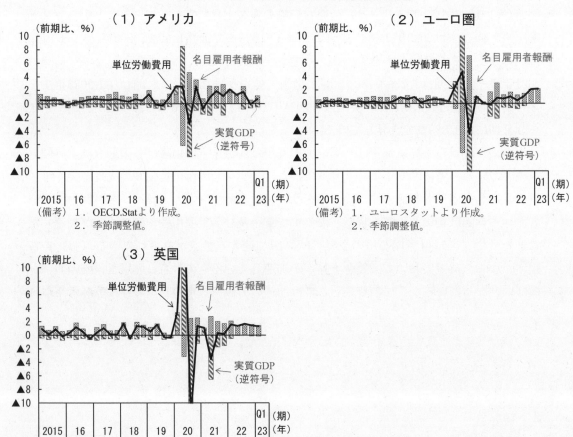

（1）アメリカ

（前期比、%）

単位労働費用

名目雇用者報酬

実質GDP
（逆符号）

2015　16　17　18　19　20　21　22　23（期）
　　　　　　　　　　　　　　　　　Q1（年）
（備考）　1．OECD.Statより作成。
　　　　　2．季節調整値。

（2）ユーロ圏

（前期比、%）

単位労働費用

名目雇用者報酬

実質GDP
（逆符号）

2015　16　17　18　19　20　21　22　23（期）
　　　　　　　　　　　　　　　　　Q1（年）
（備考）　1．ユーロスタットより作成。
　　　　　2．季節調整値。

（3）英国

（前期比、%）

単位労働費用

名目雇用者報酬

実質GDP
（逆符号）

2015　16　17　18　19　20　21　22　23（期）
　　　　　　　　　　　　　　　　　Q1（年）
（備考）　1．OECD.Statより作成。
　　　　　2．季節調整値。

（欧州はアメリカと異なり、実質賃金上昇率が労働生産性の改善を上回る傾向）

　次に、実質賃金（時間当たりの一人当たり実質賃金額）と労働生産性（労働時間当たりの実質GDP）に関して、アメリカは相対的に実質賃金の平均上昇率が労働生産性の改善を下回る一方で、欧州各国は実質賃金の平均上昇率が労働生産性を上回る傾向があることが確認できる[19]（第1-1-18図）。この理由として、欧州においては協定賃金契約のカバー率の高さ等が挙げられている[20]。なお、物価上昇を受けた賃上げ要求のためのストライキも数多く発生[21]しており、今後の賃金上昇に与える影響を注視する必要がある。

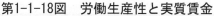

第1-1-18図　労働生産性と実質賃金

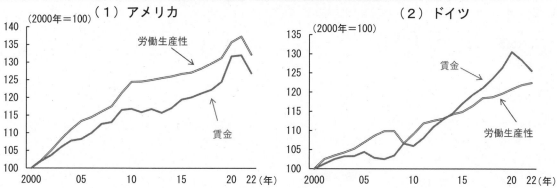

（１）アメリカ　　　　　　　　　（２）ドイツ

---

[19] こうしたかい離の要因の一つとして、OECD (2019)においては、賃金交渉における団体交渉の協調度の違いに着目し、団体交渉の協調度が高い国においては、企業や業種レベルでみて、労働生産性の伸び率と実質賃金の伸び率にかい離が生じやすくなる可能性が指摘されている。そこで、内閣府（2022b）においては、団体交渉の協調度が労働生産性の伸び率と実質賃金の伸び率の相関関係に与える影響が分析されており、ドイツ、フランス及びイタリアにおいては団体交渉の協調度の高さが労働生産性の伸び率と実質賃金の伸び率の相関関係を弱めていることが示されている。

[20] 内閣府（2022b）においては、例えば、イタリアの賃金の伸びが高い理由としては、国レベルの協定賃金契約でカバーされる賃金の比率が９割を超え、生産性と賃金のかい離が顕著であること、フランスについても協定賃金契約のカバー率が高いことや、相対的に高い最低賃金による制約があるため、特に景気後退期に賃金の伸びと生産性伸びのかい離が生じやすいことを指摘している。

[21] ドイツでは2022年10月から金属労組が電機、自動車、機械産業分野で８％の賃上げを求めストライキを実施。同年11月に今後2年間で計8.5％の賃上げと計3,000ユーロの非課税一時金の支給で妥結した。また、2023年３月及び４月にもドイツ国内の空港で待遇改善を求めるストライキが発生した。フランスでは、2022年６月から７月にかけてフランス国鉄やパリ公共交通公団等でストライキが発生した。なお、2023年５月のECB政策理事会においては、賃金交渉の合意がインフレの上方リスクになるとの懸念が示されている。

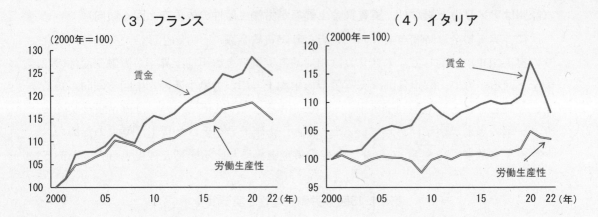

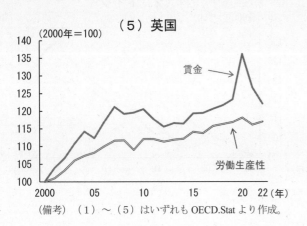

（備考）（1）～（5）はいずれも OECD.Stat より作成。

（輸入インフレ圧力は低下し、消費者物価の上昇にも一服感）

　国内由来のインフレ要因である賃金が上昇していることを確認したが、次に輸入インフレ圧力についても確認する。財及びサービスの輸入価格（前年比）の動向をみると、2022年年央までは上昇率の加速がみられたが、その後は低下傾向が顕著である（第1-1-19図）。2022年年央までは、感染症拡大後の経済活動の再開に伴う貿易量の増加（第1-3-1図）による国際物流コストの上昇（第1-1-20図）、さらに、2022年になりウクライナ侵略を受けたエネルギー価格高騰が上昇率の加速要因であった。その後は、エネルギー価格の下落及び国際物流コストの低下を受けて、輸入物価は欧米ともに減速基調となり、輸入インフレ圧力は低下した。ただし、エネルギーを輸入に依存する欧州においてはアメリカに比べて輸入インフレ圧力が強い状況が続いている。

第1-1-19図　欧米の輸入物価

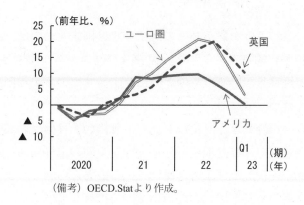

（備考）OECD.Statより作成。

第1-1-20図　国際物流コスト（バルチック指数）

（1）海運

（2）空運

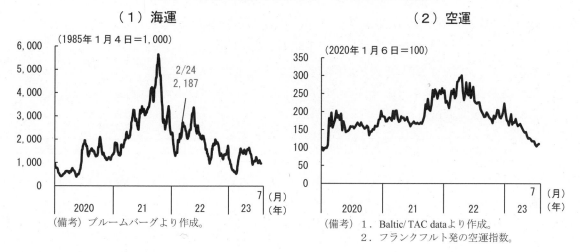

（備考）ブルームバーグより作成。

（備考）1．Baltic/ TAC dataより作成。
　　　　2．フランクフルト発の空運指数。

　ところで、単位労働費用も輸入物価も、物価上昇の供給側の要因である。OECD
(2023)は、GDPデフレーターの要因分解を通じて、欧米の物価上昇の要因として単位労
働費用とともに利益マージン率の上昇を指摘している[22]。以下では、このような利益マ
ージン率の動向、及び前述の輸入インフレ圧力の違いを踏まえて、各国ごとに単位労働
費用の動向と物価動向の関係を確認する。
　まず、アメリカをみると、財価格の上昇率は2021年4－6月期以降、感染症拡大後の
耐久消費財等の財需拡大の一服感もみられ、減速している（第1-1-21図）。また、住居

---

[22] OECD (2023) においては、利益マージン率の物価上昇に対する寄与については、アメリカにおいては 2022 年は一
貫して安定している一方、ユーロ圏及び英国においては、同年後半にかけて高まっているとの推計結果を示してい
る。

費を除くその他サービス価格の上昇率は、2023年に入り横ばい傾向となっている（後述のBox参照）。前述の単位労働費用はマクロ全体の動向を示しており、業種ごとの分析は難しいものの、このような財及びその他サービス価格の動向は、単位労働費用の伸びの鈍化とおおむね整合的と考えられる。家賃及び帰属家賃からなる住居費[23]の上昇率はおおむね横ばいで推移している。このために、アメリカのコア物価指数は2023年に入りおおむね横ばいで推移している。

　続いて、ユーロ圏をみると、財及びサービス価格の上昇率はおおむね横ばいとなっているが、単位労働費用の伸びの加速や利益マージン率の上昇傾向を踏まえると財及びサービス価格の上昇率の押し上げ圧力が働いていると考えられる。また、英国においては、財及びサービス価格の上昇率はおおむね横ばいで推移しているが、単位労働費用の上昇率は減速していることから、利益マージン率の上昇が寄与している可能性が考えられる[24]。さらに、ユーロ圏及び英国における輸入インフレ圧力はアメリカより高いことから、食料品を含めた財を中心に物価上昇率がより高くなる傾向があると考えられる。

　このために、財及びサービス価格の上昇率は、各国ともにおおむね横ばいとなる中で、エネルギーの寄与が2022年後半以降に縮小からマイナス基調となり[25]、2023年6月の欧米の消費者物価上昇率（総合、前年比）は、アメリカ3.0%、ユーロ圏5.5%、及び英国7.9%と、上昇基調に一服感がみられている[26]。

---

[23] アメリカの住居費（CPI）に先行する住宅価格（ケースシラー指数）は、2020年以降、住宅ローン金利の低下や郊外志向の高まりを背景とした需要増と、資材不足等による供給制約の両面から上昇していたが（内閣府（2022a））、2022年以降は政策金利の引上げに伴う住宅ローン金利の急上昇を受けて住宅需要が弱まり、さらに供給制約がおおむね緩和されたことから住宅価格は下落傾向となった（内閣府（2023））。住居費に対する住宅価格の先行期間は明確ではないものの、現在の住居費については2021年末頃までの住宅価格の上昇傾向が影響していると考えられる。

[24] 英国においては2023年に入ってから物価高騰対策として低所得者世帯に対して一時金として900ポンド（約15万円）及び年金受給世帯に対して300ポンド（約5万円）を支給しており、可処分所得が一時的に上昇して需要面からも物価上昇率を引き上げた可能性が考えられる。

[25] その他エネルギー価格抑制策として、ドイツではエネルギー価格高騰への対策パッケージⅢとして全世帯を対象に電力・ガス料金に対して前年消費量の80%を上限に価格軽減措置が設けられている。また、フランスでは、購買力支援パッケージとして燃料価格の割引等の措置が設けられており、これらによる消費者物価上昇率の抑制効果がみられている。

[26] 英国においては電気・ガス等の公共料金の価格改定は毎年4月及び10月のみに行われ、次回改定までは同価格が据え置かれるため、消費者物価上昇率におけるエネルギー価格の寄与度が横ばいとなる。なお、2023年については1月、4月、7月に公共料金の価格改定が実施された。

第1-1-21図 欧米の消費者物価上昇率（前年比）[27]

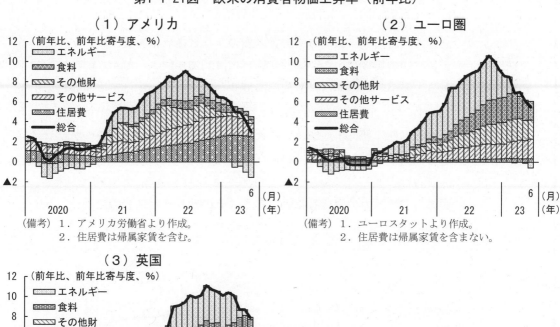

（1）アメリカ
（前年比、前年比寄与度、%）

凡例：
- エネルギー
- 食料
- その他財
- その他サービス
- 住居費
- 総合

（備考）1. アメリカ労働省より作成。
　　　　2. 住居費は帰属家賃を含む。

（2）ユーロ圏
（前年比、前年比寄与度、%）

凡例：
- エネルギー
- 食料
- その他財
- その他サービス
- 住居費
- 総合

（備考）1. ユーロスタットより作成。
　　　　2. 住居費は帰属家賃を含まない。

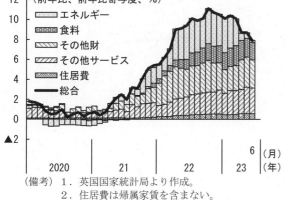

（3）英国
（前年比、前年比寄与度、%）

凡例：
- エネルギー
- 食料
- その他財
- その他サービス
- 住居費
- 総合

（備考）1. 英国国家統計局より作成。
　　　　2. 住居費は帰属家賃を含まない。

---

[27] アメリカの消費者物価指数は帰属家賃をはじめとした住居費を含む一方、ユーロ圏及び英国の消費者物価指数は帰属家賃を含まない。

Box. アメリカ消費者物価指数における住居費以外のサービス価格の動向

　アメリカの消費者物価指数における住居費以外のサービス価格を更に細かくみてみると、医療サービスは2022年後半から、輸送サービスは2023年に入ってから前年比上昇率が減速傾向であることが確認できる。これは医療サービスについては医療保険料の引下げ[28]、輸送サービスについては主に原油価格下落を受けた燃料費の低下が寄与しているためである。これら以外の教育・通信及び娯楽サービス、そしてそれ以外のサービスについては上昇率は高水準でおおむね横ばいとなっている（図１）。

図１　アメリカの消費者物価上昇率「その他サービス」の内訳

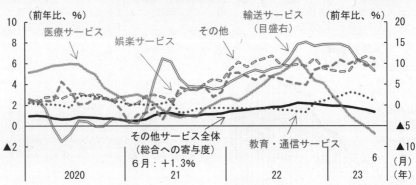

（備考）アメリカ労働省より作成。

---

[28] 2022年８月に成立したインフレ抑制法により、医療保険制度改革法（オバマケア）の助成期間を3年延長した上、これまで補助金の対象外だった中間所得層にも財政支援を拡大したことが背景にあると考えられる。なお、本助成は公的医療保険の保険料に対する税額控除として行われている。

コラム３　国際商品市況

　ここでは、原油、天然ガス、小麦の2023年前半の価格動向について概観する。いずれもロシアによるウクライナ侵略以前の水準まで下落して推移している（図１）。

（i）原油

　原油価格（WTI）は、2023年初から３月初旬までは、70ドル台半ばを下限、80ドル台前半を上限としたボックス圏内で推移した。需要面では、金融引締め継続に伴う世界景気の減速懸念、中国における景気回復の遅れ等に伴う需要減の動きがみられた。また、供給面では、OPECプラスの減産合意の継続、ロシアによる減産、トルコ・シリア地震による中東地域からの原油供給の先細り懸念等がみられた。

　３月中旬には、アメリカにおける銀行の経営破綻等に伴う景気減速への懸念から60ドル台後半へ下落したものの、金融当局の迅速な対応等もあり、同月下旬には70ドル台前半へ上昇した。さらに４月初旬には、OPECプラスの主要産油国による自主的な減産決定を受けて再び80ドル台前半に上昇した。

　５月下旬には、アメリカ連邦政府債務上限問題をめぐる懸念等から一時60ドル台後半まで下落した。その後、６月初旬のOPECプラスによる協調減産の延長や、７月中旬のアメリカの金融引締め長期化への懸念の後退等を受けて、70ドル台後半まで上昇した。

（ii）天然ガス

　欧州における天然ガスの先物価格（TTF）は、欧州の記録的な暖冬の影響による需要減の影響を大きく受け、2022年末の80ユーロ/メガワット時台後半から、2023年１月に入ると、60ユーロ/メガワット時台後半まで下落した。２月下旬には、地下ガス貯蔵量も高水準となったこと等供給面の緩和もみられたことから、40ユーロ/メガワット時台後半まで下落した。

　３月以降は春の気温上昇等による需要減少の影響を受けるとともに、５月中旬までは、地下ガス貯蔵量の増加見込みを受けた供給面の緩和もあり、30ユーロ/メガワット時台前半まで下落した。６月中旬から下旬にかけては、ノルウェーのガス関連施設の定期修繕による供給停止等を受け、30ユーロ/メガワット時台後半まで上昇したものの、７月初旬には、定期修繕が完了したことから20ユーロ/メガワット時台後半まで下落した。

（iii）小麦

　小麦価格（シカゴ商品取引所）は、2023年に入ると、ロシア、ウクライナでの収穫増、

ロシアによる外貨獲得のための積極的な輸出等による供給増を受け、１月中旬には７ドル/ブッシェル台前半に値を下げた。２月中旬には、ロシアとウクライナの戦闘激化によるウクライナ産の小麦輸出の先行き懸念等から、８ドル/ブッシェル台前半まで上昇した。

　その後、３月中旬におけるウクライナ産小麦の輸出再開に関するロシアとの合意（以下、「合意」という。）の再延長、５月末における合意の更新等から５ドル/ブッシェル台後半まで値を下げた。しかしながら、７月中旬における合意の更新停止及びウクライナの穀物輸出拠点（オデーサ港）へのロシアによる攻撃を受け、７ドル/ブッシェル台前半まで値を上げた。

図１　国際商品市況

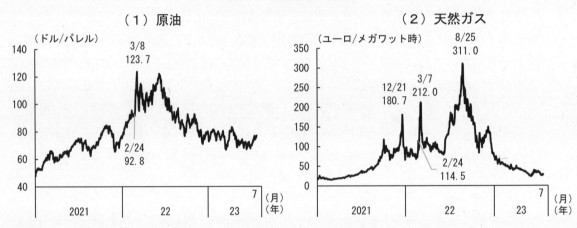

（１）原油　　　　　　　　　　　　　　（２）天然ガス

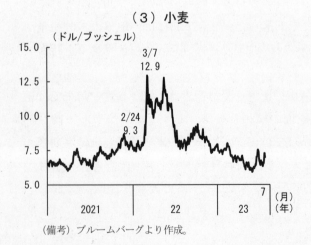

（３）小麦

（備考）ブルームバーグより作成。

（粘着価格の緩やかな変化が物価の低下を遅らせる）

　前述のように消費者物価上昇率（総合、前年比）については一服感がみられてきたが、価格改定頻度が物価上昇率に与える影響をみるために、柔軟価格指数、粘着価格指数[29]の推移を確認する（第1-1-22図）。

　価格改定頻度の高い品目で構成される柔軟価格指数（平均的な価格改定頻度は2.6か月）の上昇率は、エネルギー、新車及び中古車・トラック価格等の下落を受けて2022年半ば以降急速に低下し、2023年6月には上昇率が前年比▲2.6％まで低下した。一方で、価格改定頻度の低い品目で構成される主にサービスが含まれる粘着価格指数（平均的な価格改定頻度は10.7か月）は上昇率が2022年年末頃からおおむね横ばい傾向で推移し、2023年6月の上昇率は前年比5.8％と高止まりしている（第1-1-23図）。

　緩やかにしか変化しない粘着価格指数が、消費者物価指数の上昇率の低下を遅らせており、物価上昇率の引下げのために持続的な金融引締めが必要になっていると考えられる。

第1-1-22図　アメリカの粘着価格指数と柔軟価格指数

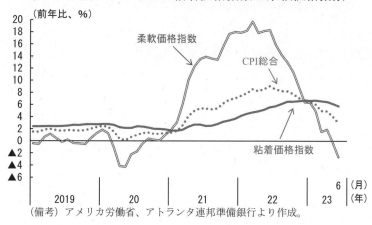

（備考）アメリカ労働省、アトランタ連邦準備銀行より作成。

---

[29] 消費者物価指数（総合）の構成品目を価格改定頻度に基づき再構成し、柔軟価格指数は改定頻度が高いものを集計し、粘着価格指数は改定頻度が低いものを集計。品目の構成比率は前者が約3割、後者が約7割。

第1-1-23図　アメリカの柔軟価格指数と各項目ごとのCPI

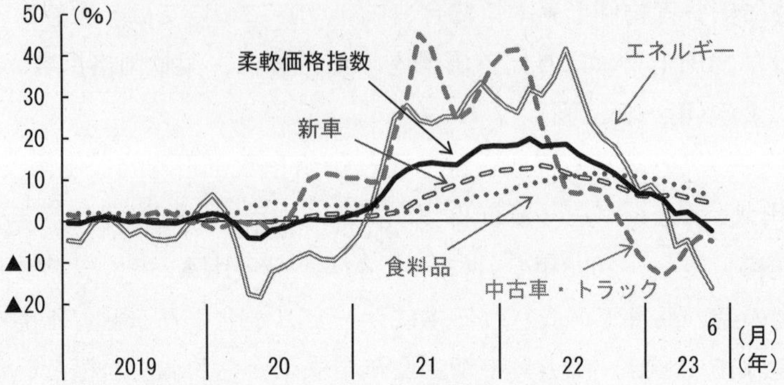

（備考）アメリカ労働省、アトランタ連邦準備銀行より作成。

2．物価上昇を受けた金融引締めの進展と金融市場の動向

　本項では、財・サービス価格の上昇を受けた欧米の金融引締めの進展内容を確認するとともに、長期金利の動向や金融市場における不確実性について確認する。

（欧米中銀は財・サービス価格の上昇を受けて引締めを継続）
　欧米中銀は、財・サービス価格の上昇を受けて金融引締めを継続している（第1-1-24図、第1-1-25表）。
　アメリカの連邦準備制度理事会（FRB）は、2022年3月の連邦公開市場委員会（FOMC）においてフェデラル・ファンド・レート（FF金利）の誘導目標範囲を0.25％ポイント引き上げて以降、同年6月から11月までは0.75％ポイントの大幅な引上げを行い、その後、引上げ幅を縮小させながらも2023年7月までに累計で5.25％ポイント引き上げた。同月のFOMCでは、金融引締めの効果は遅れを伴って現れることが強調されており、その効果を慎重に測った上で、最新のデータに基づいて、その都度利上げの要否を検討していく姿勢が示された。今後の利上げ予定については、6月のFOMC参加者の見通しによれば、更なる利上げが適切とされており、年内に追加で1回（0.25％ポイント）の利上げが行われる可能性が示唆されている。
　欧州中央銀行（ECB）は、2022年7月の理事会において主要リファイナンスオペ金利を0.50％ポイント引き上げて以降、同年9月及び11月は0.75％ポイントの引上げを行い、その後2023年7月までに累計で4.25％ポイント引き上げた。また、2023年7月の理事会においては、金融機関がユーロシステムに預ける最低準備金の付利を、9月20日以降は0％に引き下げることを決定した。今後の利上げの予定については、ECB理事会におい

て、経済・金融データによる物価上昇の見通し、基調的な物価変動、金融政策の波及状況に基づいて会合ごとに決定するとしている。

　また、イングランド銀行（BOE）は、2021年12月の金融政策委員会においてバンク・レートを0.15%ポイント引き上げて以降、2022年11月には0.75%ポイントの引上げを行い、その後2023年8月までに累計で5.15%ポイント引き上げた。今後の利上げの予定については、8月の金融政策委員会において、物価上昇率を中期的に持続的に2%の目標まで戻すために、政策金利が十分な期間、制限的であることを約束するとしている。

　さらに、量的引締めに向けた保有資産の削減については、ECBは2023年3月より資産購入プログラム（APP）における償還された元本の再投資を一部停止し、7月以降は再投資を全て停止することを決定した（第1-1-25表）。

第1-1-24図　欧米主要国・地域の政策金利の推移

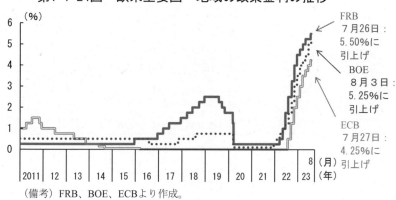

（備考）FRB、BOE、ECBより作成。

第1-1-25表　欧米の金融政策の動向

	FRB	ECB	BOE
政策金利	・**利上げ**［22年3月～］ **FF金利（誘導目標範囲）** ：0.00～0.25% →0.25～0.50%に引上げ［22年3月］ →0.75～1.00%に引上げ［同5月］ →1.50～1.75%に引上げ［同6月］ →2.25～2.50%に引上げ［同7月］ →3.00～3.25%に引上げ［同9月］ →3.75～4.00%に引上げ［同11月］ →4.25～4.50%に引上げ［同12月］ →4.50～4.75%に引上げ［23年2月］ →4.75～5.00%に引上げ［23年3月］ →5.00～5.25%に引上げ［23年5月］ →5.00～5.25%で据置き［23年6月］ →5.25～5.50%に引上げ［23年7月］	・**利上げ**［22年7月～］ **主要リファイナンスオペ金利** ：0.00%［16年3月～］ →0.50%に引上げ［22年7月］ →1.25%に引上げ［同9月］ →2.00%に引上げ［同10月］ →2.50%に引上げ［同12月］ →3.00%に引上げ［23年2月］ →3.50%に引上げ［23年3月］ →3.75%に引上げ［23年5月］ →4.00%に引上げ［23年6月］ →4.25%に引上げ［23年7月］ **限界ファシリティ金利** ：0.25%［16年3月～］ →0.75%に引上げ［22年7月］ →1.50%に引上げ［同9月］ →2.25%に引上げ［同10月］ →2.75%に引上げ［同12月］ →3.25%に引上げ［23年2月］ →3.75%に引上げ［23年3月］ →4.00%に引上げ［23年5月］ →4.25%に引上げ［23年6月］ →4.50%に引上げ［23年7月］ **預金ファシリティ金利** ：▲0.50%［19年9月～］ →0.00%に引上げ［22年7月］ →0.75%に引上げ［同9月］ →1.50%に引上げ［同10月］ →2.00%に引上げ［同12月］ →2.50%に引上げ［23年2月］ →3.00%に引上げ［23年3月］ →3.25%に引上げ［23年5月］ →3.50%に引上げ［23年6月］ →3.75%に引上げ［23年7月］	・**利上げ**［21年12月～］ **バンク・レート** **（準備預金付利金利）** ：0.10% →0.25%に引上げ［21年12月］ →0.50%に引上げ［22年2月］ →0.75%に引上げ［同3月］ →1.00%に引上げ［同5月］ →1.25%に引上げ［同6月］ →1.75%に引上げ［同8月］ →2.25%に引上げ［同9月］ →3.00%に引上げ［同11月］ →3.50%に引上げ［同12月］ →4.00%に引上げ［23年2月］ →4.25%に引上げ［23年3月］ →4.50%に引上げ［23年5月］ →5.00%に引上げ［23年6月］ →5.25%に引上げ［23年8月］
量的緩和の縮小、保有資産の削減	・**保有資産の削減**［22年6月～］ **米国債** ：保有額を月300億ドルを上限に削減［22年6月～8月］ →保有額を月600億ドルを上限に削減［同9月～］ **MBS** ：保有額を月175億ドルを上限に削減［22年6月～8月］ →保有額を月350億ドルを上限に削減［同9月～］ ※保有資産の削減は原則として再投資の調整により実施。	・**保有資産の削減** 　［23年3～6月］ **資産購入プログラム（APP）** ：償還された元本の再投資を一部停止［23年3～6月］ →償還された元本の再投資を停止［同7月～］	・**保有資産の削減**［22年2月～］ **英国債** ：購入枠8,750億ポンド →満期を迎えた国債の再投資を中止［22年2月］ →購入枠での保有国債を800億ポンド削減し7,580億ポンドとする［同11月～］ ・長期国債を緊急的に買い入れ（累計193億ポンド）［同9月28日～10月14日］ →緊急的に買い入れた国債の一部売却［同11月29日～］ **社債** ：購入枠200億ポンド →満期を迎えた社債の再投資を中止［22年2月］ →売却により保有資産を完全に解消［23年末まで］

（備考）　1．FRB、ECB、BOEより作成。
　　　　　2．各括弧内は、当該金利水準等の適用が開始された、または利上げ等が実施された年月を示す。
　　　　　3．太字は金融緩和縮小または金融引締めに関連する事項。
　　　　　4．「量的緩和の縮小、保有資産の削減」については2022年以降継続中の主なものについて記載。

（長期金利は欧州では上昇傾向で推移）

　このような政策金利の引上げや保有資産の削減を受けて、長期金利は2022年初から上昇傾向となっていたが、夏から10月にかけて欧米中銀がそろって政策金利を大幅に引き上げたこと等から、2022年10月頃には長期金利が３％ポイント以上上昇した（第1-1-26図）。その後、2023年３月には米欧における２件の銀行経営破綻及び銀行買収事案を受けて安全資産である国債に資金が流入したことを受けて金利は急落した。7月にかけては、アメリカやドイツにおいては各中銀の利上げ局面が終盤に近付きつつあるとの思惑から、長期金利は横ばい傾向で推移している。一方英国においては、高止まりしている物価指標や堅調な雇用指標を受けて、BOEの利上げ継続期待が徐々に高まる中、長期金利は2022年９月のトラス・ショック[30]以来の水準まで上昇している。

　なお、金利上昇が銀行経営に与える影響については、銀行の資金調達コストは上昇するものの、一般的には市場金利の上昇ペースよりも緩やかであることから、銀行の純利ざやは通常は増加することとなる。欧米の金融監督当局は、今般の急速な金利引上げ局面においても、債券の評価損は生じるものの銀行部門全体としてはこのような収益性確保のメカニズムは維持されているとしている[31]。

第1-1-26図　欧米主要国の長期国債金利の変動幅

（2021 年 10 月 1 日の金利との差分）

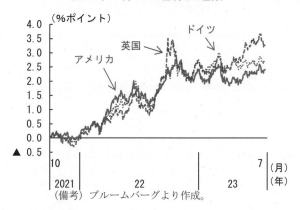

（備考）ブルームバーグより作成。

---

[30] 2022年９月にリズ・トラス首相（当時）が打ち出した一連の財政政策「ミニ・バジェット」を受け、英ポンドが対ドルで過去最安値を更新、英10年債金利は14年ぶりの高水準まで上昇、株価も1年半ぶりの水準まで低下するなど、英国の金融市場は大きく混乱した。

[31] FRB (2023)及び2023年５月のECB理事会後の記者会見におけるデキンドス副総裁の発言（「金利の上昇は欧州の銀行にとってプラスであることも忘れてはならない。債券ポートフォリオで生じ得る損失をマージンの増加が上回ると考えられるからである。」）参照。

（金融市場における不確実性は高い状態が続く）

　アメリカにおいては、株式市場における不確実性を表す指標（VIX指数）及び国債市場における不確実性を表す指標（MOVE指数）が、銀行経営破綻を受けてともに急上昇した（第1-1-27図）。とりわけMOVE指数は一時、2008年のリーマンショック以来となる水準まで急伸するなど、金融市場は大きく動揺した。７月にかけては両指数ともに低下傾向にあるものの、今後の物価上昇率についての見通しや銀行経営破綻の実体経済への影響、それらを踏まえたFRBの金融政策決定等についての不確実性が引き続き高いとみられることから、MOVE指数はFRBによる金融引締め開始前と比べて高い水準で推移している。

第1-1-27図　アメリカの株及び国債のボラティリティ

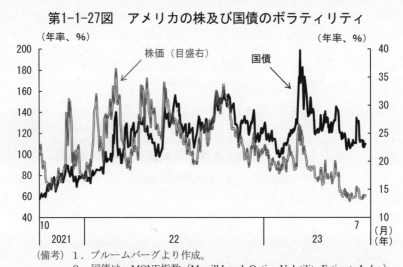

（備考）　1．ブルームバーグより作成。
　　　　　2．国債は、MOVE指数（Merrill Lynch Option Volatility Estimate Index）。
　　　　　　　バンク・オブ・アメリカ・メリルリンチが算出する、米国債の先行き変動リスクを示す指数。
　　　　　3．株価は、VIX指数（Volatility Index）。
　　　　　　　シカゴのオプション取引所（CBOE）がS&P500を対象とするオプション取引のボラティリティを基に算出する指数。

コラム4　アメリカの企業債務

　アメリカの民間部門の債務を家計と企業に分けてみると、その推移は大きく異なる。
家計債務は2008年のリーマンショックを機に圧縮が進み、対GDP比率は低下傾向にある。
一方で、企業債務の対GDP比率はリーマンショック時以上の水準まで上昇している（図
1）。
　企業債務は、負債証券（主に社債）と借入に大別される。2023年1－3月期時点での
残高は、社債が約6.9兆ドル、借入が約5.1兆ドルと、規模としては社債が借入を上回
る。ここで、借入について「米国預金取扱機関（米銀）からの借入」と「米銀以外から
の借入」に分けた上で、社債と借入の推移を確認する。社債発行は、感染症拡大期に発
行ペースが加速したものの、長期的にはおおむね同じペースでの増加傾向をたどってい
る。一方の借入については、2010年代後半以降、米銀以外からの借入が米銀からの借入
を大幅に上回って増加していることが分かる（図2）。

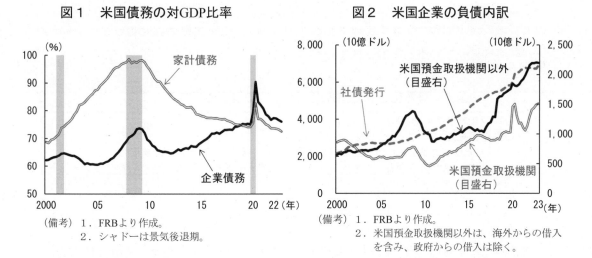

図1　米国債務の対GDP比率

（備考）1．FRBより作成。
　　　　2．シャドーは景気後退期。

図2　米国企業の負債内訳

（備考）1．FRBより作成。
　　　　2．米国預金取扱機関以外は、海外からの借入
　　　　　を含み、政府からの借入は除く。

　米銀以外からの借入についてその内訳をみると、金融会社（貸金業者）や生保等その
他金融機関からの借入が2010年代以降はおおむね横ばいで推移する中、証券化商品を通
じたアメリカ国内及び海外からの借入が2010年代後半から増加していることが分かる
（図3）。

図3　米国預金取扱機関以外からの借入の内訳

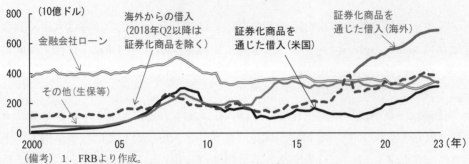

（備考）1．FRBより作成。
　　　　2．金融会社は非銀行の貸金業者。その他には生保、投資信託等が含まれる。
　　　　3．証券化商品を通じた借入は、主にローン担保証券化（CLO）を通じた借入。
　　　　4．2018年4-6月期より、データの報告精度が向上したことで、CLOを通した海外
　　　　　　から米国企業への融資額が個別項目として発表されている。

　証券化商品を通じた借入とは、主にローン担保証券（CLO）[32]を通した借入を指し、現状は、投資適格級未満の企業の実質的な債権者が、証券化商品を通して米国内及び海外の多様な投資家へと広がっている状況にあるといえる。特に比較的高リスクの商品の保有先は、資本要件やリスク管理において銀行ほど厳しい規制の課せられていない[33]ノンバンクに偏っていると指摘されている（図4）。

図4　証券化された借入金（CLO）の残高と保有先

○2022年末残高：約1兆ドル
○主な保有先
　・低リスク商品　　　：生保、海外銀行（欧、亜）、年金基金、米銀行
　・中・高リスク商品　：ヘッジファンド、プライベートエクイティ、その他ファンド

（備考）Fitch Ratingsより作成。

　このために、これまでの金融引締めによって、今後、借入企業の業績が悪化し、CLOの価格が急落する場合は、CLOを保有するノンバンクの経営悪化や、それに伴う資産売却等で、金融資本市場が過度に変動する可能性も考えられる。アメリカの企業債務の動向には引き続き注視が必要である。

---

[32] CLO（Collateralized Loan Obligation）とは、多数のレバレッジドローンを束ねて証券化した商品を指す。レバレッジドローンとは、一般に投資適格級未満の企業に対する変動金利のシンジケートローンを指し、資金使途としてはM&Aの買収資金が多い傾向にあるとされる。CLOは、債権の返済順位に応じてリスクの異なる商品を組成することができ、投資家にとっては投資機会の多様化、貸付を行う金融機関にとってはリスク資産のオフバランス化等がメリットとして挙げられる。
[33] 保険会社、年金基金、各種ファンド等のノンバンクは、トランプ前政権下で、規制が一部緩和された経緯がある。ただし、一連の銀行破綻を受けた信用不安の高まりを受けて、金融安定監視評議会（FSOC）は2023年4月にノンバンクへの規制強化案を発表した。

3. 金融引締めが進む中での銀行破綻や金融機関の買収

　本項では、欧米における急速な金融引締めが進む中、2023年3月以降に発生したアメリカの銀行破綻及びその影響を受けた欧州における金融機関の買収の概要及び影響について整理する。

（1）米銀の経営破綻

　2023年3月、アメリカの地方銀行であるシリコンバレー銀行（SVB）が破綻した。その後、これを契機とした金融不安を受けて同月にシグネチャー銀行（SBNY）が、5月にはファースト・リパブリック銀行（FRC）が経営破綻した（第1-1-28表、第1-1-29表）。特にSVBの破綻は、商業銀行の破綻規模としては2008年9月のワシントン・ミューチュアル銀行が破綻して以来の規模[34]であり、その9日後には、欧州でも大手投資銀行クレディ・スイスが買収されるなど、金融不安は市場に連鎖的な影響を与えた。以下では、破綻の背景や原因、金融資本市場に与えた影響等について分析していく。

第1-1-28表　破綻した銀行の概要

	全米順位	資産規模	支店数	主な取引先、業務内容
シリコンバレー銀行（SVB）	16位	約2,090億ドル（約27.9兆円）	16（国内）1（海外）	シスコシステムズ、エアビーアンドビー等
シグネチャー銀行（SBNY）	29位	約1,104億ドル（約14.7兆円）	7（国内）0（海外）	暗号資産関連企業等
ファースト・リパブリック銀行（FRC）	14位	約2,126億ドル（約28.3兆円）	72（国内）0（海外）	低リスクの富裕層向けの資産管理サービス

（備考）FRB、FDICより作成。2022年末時点。

---

[34] 過去最大の商業銀行の破綻は2008年9月25日に起きたワシントン・ミューチュアル・バンクの破綻（資産規模約3,070億ドル）。同年9月15日に破綻したリーマンブラザーズ（資産規模約6,300億ドル）は投資銀行であることから含まれない。

第1-1-29表　破綻の経緯

		経緯
SVB	3月8日	流動性確保のため債権ポートフォリオを売却したものの18億ドルの損失が発生。これを受けて普通株発行等による22.5億ドルの増資計画を発表した。
	3月9日	健全性の懸念から株価が6割安となる。預金420億ドルが引き出され、9.58億ドルの現金が不足。
	3月10日	連邦預金保険公社（FDIC）が破綻を発表。
SBNY	3月12日	SVBの破綻等を契機として、急激に預金が流出。12日付で経営破綻。
FRC	3月16日	SVB等の破綻を受けて経営への懸念が高まり、株価が下落。大手銀行等が合計で300億ドルの預金をFRCに預け入れることで同意したと発表し、株価は前日比＋10％で終了。
	4月24日	2023年1－3月期決算報告で、同期間に預金残高が719億ドル減少したことが明らかになり、経営不安が再び高まる。
	5月1日	FDICはFRCの破綻を発表し、預金保護を発動。FRCの預金と資産について、JPモルガンチェース銀行（資産規模約3.2兆ドル、全米1位）が引き受けると発表。

（備考）報道資料、FRB、FDIC、ブルームバーグより作成。

（今回はSNSを通じた取り付け騒ぎによるデジタル・バンク・ラン）

　今回の銀行破綻の直接の原因は、取り付け騒ぎにより急速に銀行預金が流出したことであるが、その取り付け騒ぎがSNS上で発生し、預金引出がネットバンキングを通じて瞬時に行われたことが過去の取り付け騒ぎとは異なる点である（いわゆる「デジタル・バンク・ラン」）。以下ではSNSと株価の関係から、SNSが銀行破綻に与える影響について考察していく。SVBやSBNYに続いて破綻したFRCについてみてみると、TwitterでFRCに関するネガティブなツイートが増加する中で3月10日にかけて株価が急落したことが分かる（第1-1-30図）。大手銀行等が救済措置を公表した3月16日にはポジティブなツイートが増加し、一時的に株価が上昇した場面もあったが、その後4月24日に預金残高が急減したことが明らかになると、再びネガティブなツイートが急増し、株価も下落した。過去の大規模な銀行破綻の前例と比べても、今回の銀行破綻では状況が急速に悪化したといえる。FRCは、わずか1日で株価が前日比▲60％程度下落したが、2008年9月に経営破綻した商業銀行であるワシントン・ミューチュアル・バンクは、9月19日を境に株価が急落し始めてから▲60％程度下落するまでに6日を要している（第1-1-31図）。このようにSNSを通じた情報拡散は、金融システムの安定にとって新たなリスク要因となっている。

第1-1-30図　ファースト・リパブリック銀行の株価とTwitter上での関連ツイート数

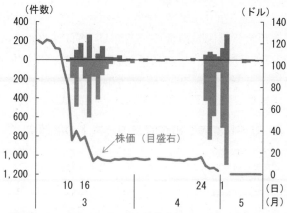

（備考）　1．ブルームバーグより作成。
　　　　　2．図中棒グラフは、ブルームバーグによるソーシャル・センチメント分析であり、同社のアルゴリズムによって検出されるFRCに対してポジティブまたはネガティブな反応を示すツイートの件数を表している。赤色（上側）はポジティブなツイート、青色（下側）はネガティブなツイートを示している。
　　　　　3．株価が途切れている部分は同社株式の取引停止期間。

第1-1-31図　ワシントン・ミューチュアル銀行の株価の推移（2008年９月）

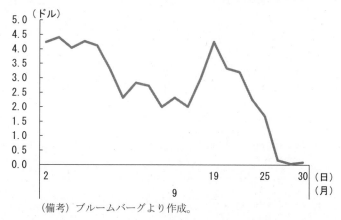

（備考）ブルームバーグより作成。

（銀行破綻は経営上の問題が大きいが、規制緩和の影響で含み損の表面化に遅れも）

　今回の事案においては、銀行経営を悪化させた根本的な原因はマクロ経済環境や金融システム全体の問題というよりも、破綻した個別銀行固有の問題であるとの見方が多い（第1-1-32表）。金融引締めが始まって以降、今回破綻した銀行に限らず、銀行保有債の含み損は増加傾向にあったため（第1-1-33図）、これに対するリスクヘッジは米銀全

体の共通の課題となっていたが、今回破綻したSVBとSBNYの２行ではそのリスク管理を怠っていた。また、アメリカでは感染症拡大下で銀行預金が急増したことを背景に預金保護の上限を超える預金（無保険預金）が増加し（第1-1-34図）、流動性リスクの管理も米銀共通の課題となっていた。しかし、大口の無保険預金に依存していた２行では流動性リスク管理が不足していたことも破綻の原因になった。

第1-1-32表　破綻銀行の経営上の問題点

金利リスク管理の不備	預金を長期の有価証券に投資するなど、金利上昇リスクに対する備えが不足していた（SVB）。
流動性リスク管理の不備	預金基盤を、景気に敏感なテクノロジー等からの預金に依存していた（SVB）。 預金基盤を、少数の顧客からの大口の預金に依存していた（SBNY）。
監督当局からの指導への対応不足	FRBがぜい弱性を指摘した際に、十分な措置を講じなかった（SVB）。 FDICの監督勧告に対して迅速に対応しなかった（SBNY）。

（備考）FRB、FDICより作成。

第1-1-33図　アメリカ銀行保有債の含み損

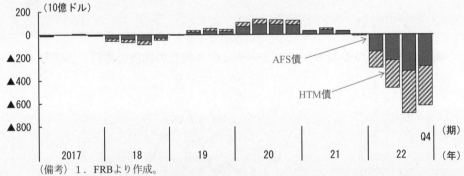

（備考）　1．FRBより作成。
　　　　　2．HTM(Held to maturity)債は満期まで所有する意図をもって保有する国債等の債券。一方、AFS(Available for sales)債は、資金運用のための売却を前提とした債券。HTM債として債券を保有する場合は、その債券の含み損益は会計上で計上しない。

第1-1-34図　無保険預金残高の推移

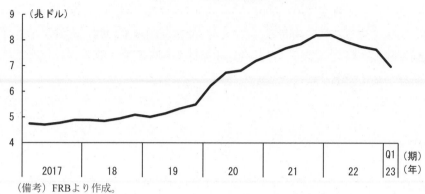

（備考）FRBより作成。

　また、規制緩和も影響を与えていた。2008年の金融危機を受けて、アメリカではオバマ政権下でドッド＝フランク法の制定をはじめ、金融規制が強化されてきた。その後、トランプ政権下では、経済成長・規制緩和・消費者保護法（ドッド＝フランク法改正法）の導入をはじめとする、主に中小銀行への規制を緩和する方針へと舵を切っていた。一般的な規制緩和のデメリットとして、規制対象（銀行）が抱えるリスクの把握が困難になることが挙げられるが、FRBが4月28日に公表したSVBの経営破綻に関する報告書でも「ドッド＝フランク法改正法に伴うFRBのテーラリング・アプローチ[35]と監督方針の変化は、効果的な監督を阻害した」としている。トランプ政権下で進んだ中小銀行への規制緩和は、今回の銀行破綻の遠因になったとの見方である。

　トランプ政権下で緩和された規制の一つに、自己資本比率の算出についての項目があり、自己資本比率の算出の際にその他包括利益累計額（保有資産の含み損益）の反映が義務ではなくなっている。これにより、引き続き反映が義務付けられる一部の大手銀行[36]以外では、AFS債[37]に含み損が生じた場合でも、必ずしも自己資本比率の低下として表面化するわけではなくなった。結果として、現在のように金利が急速に上昇し、保有債券の含み損が拡大している局面では、大手銀行以外ではその含み損を加味したときに自己資本がどれだけ毀損しているかを把握しづらくなっている。実際に、破綻直前期のSVBは流動性確保のために資産売却を行ったことで、金利上昇で膨れ上がっていたAFS債の含み損を実現し、信用不安が加速する一因となった。

---

[35] 銀行の資産規模に応じて、厳格さの異なる自己資本規制や流動性規制等の要件が課されるようにする枠組み。2019年末から適用が開始された。

[36] 米国G-SIBs及び総資産7,000億ドル以上または海外業務の資産・負債の合計額が750億ドル以上の銀行。

[37] Available for sales securities（売却可能債券）のことで、資金運用のための売却を前提とした債券。一方、満期まで保有することを前提とした債券は満期保有目的債券（Held to maturity securities：HTM債）という。米国では、HTM債については、満期保有での額面金額償還を前提としているため大手・中小銀行ともに含み損を会計処理する必要はないが、AFS債については、本文に記載のとおり、銀行の規模によって会計上の取扱が異なる。

前述のFRB報告書に添えられたバーFRB金融監督担当副議長の書簡では、今回の一連の事案を受け、主に資産規模1,000億ドル以上の銀行に対して、AFS債の含み損益を資本要件に反映させることの検討等を含む、複数の金融規制の強化方針が示されている。金融規制の強化に当たっては、野党（共和党）からの反発も想定されるところ、今後の動向に注意が必要である。

コラム5　アメリカの銀行監督体制

　アメリカの銀行監督体制は、二元銀行制度を取っており、連邦政府（国）と州政府（地方）にわたる二重の規制・監督機関が存在することから、銀行によって監督当局が異なる[38]。今回の場合、SVBはFRBとCA州金融当局が、SBNYはFDICとNY州金融当局が主に監督しており、両者の違いは表1のとおりである。両者の監督権限は基本的に同じであるが、FDICは他の監督当局が監督する銀行にも監督権限を行使することができる（バック・アップ権限）。また、FRBが監督する銀行は、銀行検査を州当局による検査で代用することができるが、FDICが監督する銀行については必ずFDICの検査官による検査が必要であるなど、検査方法にも違いがみられる。

表1　FRBとFDICの監督権限

	連邦準備制度理事会（FRB）	連邦預金保険公社（FDIC）
規制対象	連邦準備制度（FRS）加盟州法銀行等	預金保険加入銀行（特にFRS非加盟の州法銀行）
監督手法	（1）報告徴求 FRBは、必要に応じてFRS加盟州法銀行に対し、会計帳簿や個別の関心事項に関する報告を求めることができる。 （2）検査 (i) 一般検査 理事が承認した場合には、州当局が実施した検査結果をFRBの検査結果に代用可能。 (ii) 特別検査 FRBが必要とする場合には自ら選定した検査官による特別検査を命じることが可能。	（1）報告徴求 「連邦預金保険制度に加入かつFRS非加盟の州法銀行」、および「預金保険制度に加入する支店（連邦支店は除く）を持つ外国銀行」は、FDICに対し、FDICの要求する内容・様式に則って、経営状況についての報告を行わなければならない。 （2）検査 (i) 一般検査 FDICの検査官による検査を行うことができる。 (ii) 特別検査 連邦預金保険制度に加入する全ての預金取扱金融機関、FRBによる監督の対象となるノンバンク金融会社、大規模な銀行持株会社を対象とする特別検査を行う権限を有する。
処分規定	連邦の銀行監督当局（OCC、FRB、FDIC）が持つ共通の権限 ・業務改善、停止命令 ・一時業務改善、停止命令 ・民事制裁金 ・役職員等の解任、復職禁止命令	（1）連邦の銀行監督当局（OCC、FRB、FDIC）が持つ共通の権限 ・業務改善、停止命令 ・一時業務改善、停止命令 ・民事制裁金 ・役職員等の解任、復職禁止命令 （2）被保険者としての地位の終了 法令違反等の事由に該当した預金保険加入銀行の、被保険者としての立場（保険がかかっている状態）を終了させる権限。 （3）バック・アップ権限 FDICは他の当局が監督する銀行の役職員等に関する処分権限を行使するよう、他の監督当局に対し、文書により勧告することが可能。FDICによる勧告から60日以内に他の監督当局が処分を行わなかった場合、FDICは自ら行うことができる。

（備考）金融庁（2023）より作成。

---

[38] アメリカの商業銀行は、連邦政府の許可を得る国法銀行、州政府の許可を得る州法銀行に大別され、国法銀行は通貨監督庁（OCC）が、州法銀行のうち連邦準備制度に加盟する銀行はFRBが、州法銀行で連邦準備制度に加盟していない銀行をFDICが主に監督している。

（金融資本市場においては主に中小銀行への影響がみられた）

　今回の銀行破綻は、金融資本市場にも一定程度の影響を与えた。まず、今回の銀行破綻の直接的な原因となった預金流出による流動性不足に対応するために、FRBは従来から行ってきた金融機関に対する流動性供給の枠組みである連銀貸出に加え、バンク・ターム・ファンディング・プログラム（BTFP）[39]を緊急措置として講じた。BTFPは連銀貸出等と比べて低金利の資金調達手段であったため、利用額は急増した（第1-1-35図）。

　株式市場への影響は、全体としては軽微であったものの、中小銀行（地方銀行）の株価は大きく下落し、5月に入ってからもFRCが破綻したこともあり、再び大きく下落しており、市場からの厳しい評価が続いている（第1-1-36図）。

　中小銀行を中心に金融不安が生じたことは預金残高の推移からも確認できる。アメリカの銀行預金残高は、今回の銀行破綻が生じる前から下落傾向であったが[40]、SVB破綻後には中小銀行の預金残高が急減している。一方で、大手銀行の預金の減少ペースには足踏みがみられるとともに、SVB破綻後に前週比で増加している週もあることから、中小銀行から大手銀行への預金移動が一定程度行われたと考えられる（第1-1-37図）。

　中小銀行の預金の流出先として、大手銀行の預金よりも動きが目立ったのはマネー・マーケット・ファンド（MMF）である。MMFは、個人や機関投資家、事業会社等から集めた資金を、短期国債やレポ、CP等、主に短期金融市場にて安全性の高い運用を行う投資信託の一種であり、銀行預金に代わる運用方法としてアメリカ国内で広く活用されている。今般の銀行破綻以前から政策金利引上げ等を受けて利回りは上昇傾向となり残高は増加傾向にあったが、SVB破綻後は残高は急増している（第1-1-38図、第1-1-39図）。このことから、中小銀行の預金は主にMMFへ流出したと考えられる。

---

[39] SVB破綻後（3月12日）にFRBによって導入された金融機関への流動性供給策。国債等を担保として、最長1年間の融資を受けることが可能。通常のFRBの流動性供給では、担保は時価かつリスクに応じた掛け目をかけることで評価されるが、BTFPでは担保は額面かつ満額で評価される。また、貸出金利も優遇された水準となっている。
[40] FRBによる急速な利上げが進む中、銀行の預金金利よりも高い金利を求めて、顧客がMMF（後述）等の投資商品に資金を移動させたため、大手銀行を中心に、米銀預金は2022年初以降から緩やかな減少傾向にあった。

第1-1-35図　BTFPの貸出状況

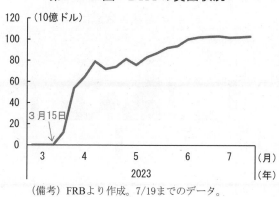

（備考）FRBより作成。7/19までのデータ。

第1-1-36図　銀行等の株価の動向

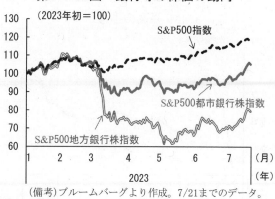

（備考）ブルームバーグより作成。7/21までのデータ。

第1-1-37図　銀行預金残高の推移

（長期的な銀行預金残高の推移）

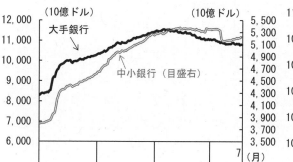

（備考）FRBより作成。7/12までのデータ。

（銀行破綻前後の預金残高の推移）

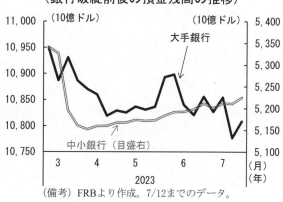

（備考）FRBより作成。7/12までのデータ。

第1-1-38図　預金金利とMMF利回り

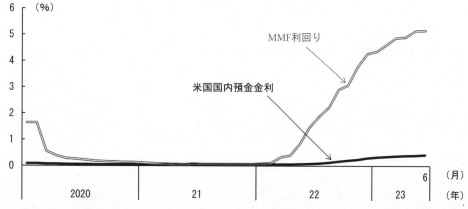

（備考）1．FDIC、SECより作成。
　　　　2．MMF利回りはガバメントMMFのもの。MMFはその運用資産の99.5％以上を現金や
　　　　　　国債等とするガバメントMMFと、それ以外（運用資産の0.5％以上が現金や国債以外
　　　　　　（CP等））のプライムMMFに大別される。

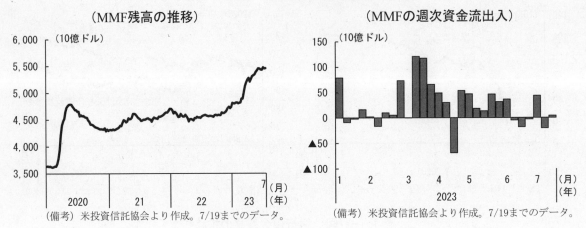

第1-1-39図　MMFへの資金流入の状況

（MMF残高の推移）　　　　　　　　（MMFの週次資金流出入）

（備考）米投資信託協会より作成。7/19までのデータ。　　　（備考）米投資信託協会より作成。7/19までのデータ。

（銀行貸出の厳格化により、経済活動が鈍化する可能性）

　SVBの破綻直後は、銀行の貸出残高は、個人消費の緩やかな増加に伴い消費者向け貸出が上昇傾向を維持する一方、企業向け貸出や不動産ローンが減少した。消費者向け貸出はその後も上昇傾向を維持したが、6月下旬以降は低下傾向に転じた。不動産ローンは4月中旬頃にはSVB破綻前の水準に回復した後に5月下旬まで上昇傾向で推移したものの、6月上旬以降は横ばい傾向となっている。企業向け貸出は更に減少しており、銀行貸出全体は伸び悩んでいる（第1-1-40図）。大・中堅企業向けの商工業ローン貸出基準をみても、金融引締めにより2022年から銀行貸出基準の厳格化が進む中、2023年4－6月期にかけて更なる厳格化が進んだことが確認できる（第1-1-41図）。

　このような貸出基準の厳格化を背景に、2022年以降は倒産件数は緩やかながらも上昇傾向がみられている（第1-1-42図）。銀行が貸出態度を更に厳格化し、貸出を減らすことは、更なる倒産件数の増加等を招き、経済活動を鈍化させる可能性があるところ、今般の銀行破綻を受けた信用収縮の動きについては今後とも注視する必要がある。

第1-1-40図　銀行貸出残高の内訳（ストック）

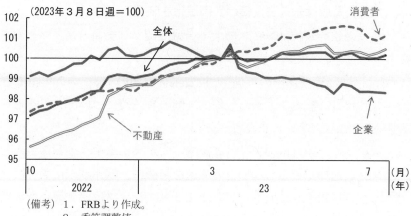

（2023年３月８日週＝100）

（備考）　1．FRBより作成。
　　　　　2．季節調整値。
　　　　　3．7/12までのデータ。

第1-1-41図　商工業ローン貸出基準（大・中堅企業向け）

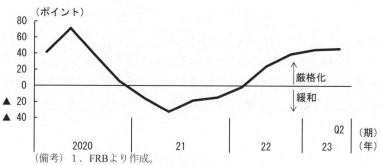

（ポイント）

（備考）　1．FRBより作成。
　　　　　2．米国内で事業を展開する銀行（最大100行程度）が調査対象。
　　　　　　　調査対象期間の貸出基準を厳格化したか、緩和したかを質問。
　　　　　　　図の数値は「厳格化を報告した銀行の割合」－「緩和を報告した
　　　　　　　銀行の割合」の差。０を境界に、数字が大きくなれば貸出基準の
　　　　　　　の厳格化を意味する。

第1-1-42図　企業の倒産件数

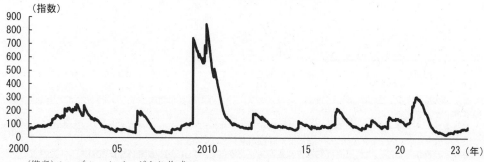

（指数）

（備考）　1．ブルームバーグより作成。
　　　　　2．2000年から2012年の中央値を100とした指数。

（2）クレディ・スイスの買収とAT1債の無価値化
（クレディ・スイス買収は永久劣後債の無価値化を随伴）

　前述のアメリカの銀行破綻はスイスの大手金融機関クレディ・スイス[41]（CS）の経営にも影響を与えることとなった。

　CSについては、内部管理体制の不備[42]と投資銀行部門の不調[43]が近年指摘されていた。また、2023年3月14日に監査法人からも内部統制の有効性について「不適正」とする監査意見が表明されていた（第1-1-43表）。

　3月15日、アメリカの銀行破綻を受けて金融不安が高まる中、筆頭株主のサウジ・ナショナル・バンクが追加出資をしないとの報道を契機に、欧州株式市場で同社株価が急落するとともに、5年物クレジット・デフォルト・スワップは過去最高を更新した。これを受け同日、スイス国立銀行（中央銀行）及びスイス金融市場監査局（FINMA）はCSに対し「必要があれば流動性を供給する」と支援を表明した。

　3月19日、スイスの大手金融機関UBS[44]がCSを総額30億スイスフラン（約5千億円[45]）で買収すると発表し、スイス国立銀行は同買収支援のため最大1億スイス・フラン（約14.9兆円）の流動性支援ローンを供給すると発表した。

　さらに、スイス政府はUBSに対し、CS買収に関連して発生し得る損失をカバーするため90億スイス・フラン（約1.4兆円）の保証を付与するとともに、同社が発行した永久劣後債（Additional Tier1債（AT1債））160億スイス・フラン（約2.4兆円）をゼロ評価（無価値化）すると発表した。

---

[41] 証券・投資銀行業務・富裕層向け資産管理業務等を行うグローバル金融機関（UBSに次ぐ総資産額スイス国内第2位）。

[42] 近年、ブルガリアの麻薬組織によるマネーロンダリングをめぐる有罪判決、モザンビークでの汚職への関与等、不祥事が相次いでいた。

[43] 英金融会社のグリーンシル・キャピタル社の破綻や、アルケゴス・キャピタル・マネジメントの破綻等を通じ巨額の損失を出すなど、投資銀行部門の不調により収益が悪化していた。

[44] 証券・投資銀行業務・富裕層向け資産管理業務等を行うグローバル金融機関（総資産額スイス国内第1位）。

[45] 4月期中平均レートの1スイスフラン＝148.88円を使用。以下同様。

第1-1-43表　クレディ・スイス買収の経緯

2023年3月9日	米証券取引委員会(SEC)より問合せを受け、年次報告書の公表を延期。
3月14日	2022年の年次報告書で財務報告に関する内部統制の「重大な弱点」が明らかに。監査法人もCSの内部統制の有効性について「不適切」とする監査意見を表明。
3月15日	・筆頭株主のサウジ・ナショナル・バンクがCSに対して「規制上の問題で追加出資できない」と述べ、CSの欧州株式市場での株価は急落。 ・スイス国立銀行とFINMAは「必要があれば、流動性を供給する」と支援を表明。
3月16日	・CSはスイス国立銀行からの最大500億スイスフラン(約7.4兆円)借入れ計画を発表。
3月19日	・UBSがCSに対し株式交換(UBS株1単位に対してCS株22.48単位と交換)による買収を発表。買収額は30億スイスフラン(約5千億円)。17日時点のCSの時価総額(約1兆円)を大きく下回る。 ・スイス国立銀行は、UBSとCSに1千億スイスフラン(約14.9兆円)の流動性支援、スイス政府は、UBSに対し、90億スイスフラン(約1.4兆円)の保証の付与を発表。 ・CSは、スイス当局の指示の下、160億スイスフラン(約2.4兆円)相当の永久劣後債(AT1債)を無価値化すると発表。
3月20日	CSのAT1債の無価値化を受け、ECB、欧州銀行監督機構、単一破綻処理委員会は、経営危機時の対応で引き続き社債保有者の前に株主に損失負担を求めると表明。BOEもこのような状況では、まず損失を負担するのは株主で債券保有者の負担はその後になると表明。
3月23日	FINMAは、「CSのAT1債は破綻回避に不可欠な特別な政府支援を受ける場合に減損処理され得ると目論見書で明示されており、19日のスイス政府からの支援はこれに該当する。機関投資家に対し、スイスのAT1債は発行銀行の株式資本が完全に毀損する前に減損処理ないしCET1と交換されるよう制度設計されていると説明した」と表明。
6月20日	UBSによるCSの買収が完了。

(備考) CS、スイス中央銀行、ECB、BOE等公表資料より作成。

（バーゼルIII[46]においてはAT１債は損失吸収手法との位置付け）

　ここで、現行の銀行規制であるバーゼルIIIにおけるAT１債の位置付けについて整理する（第1-1-44図）。バーゼルIIIでは、株式等のリスク・アセットに対する銀行の自己資本の比率を８％以上とする規制が課されている。また、国際統一基準行については追加的に最大５％の資本の上積みが求められ、さらにグローバルなシステム上重要な金融機関（G-SIBs）と認定された銀行は追加的に最大2.5％の資本の上積みが求められる[47]。CSについては、G-SIBsに位置付けられていた。

　自己資本には、「普通株式等Tier１資本（CET１:Common Equity Tier１）」が4.5％、国際統一基準行には、資本保全バッファー2.5％が上乗せされ、景気後退時の取り崩し余地の確保を目的としたカウンターシクリカル・バッファーとして最大2.5％、G-SIBsと認定された銀行は追加資本賦課（HLA：Higer Loss Absorbency。より高い損失吸収を持たせるためG-SIBsに対して求められる上乗せ資本。）として追加的に最大2.5％の資本の上積みが求められる[48]。

　また、自己資本には銀行が実質的に破綻認定されたタイミングで元本削減を行うための資本であるバーゼルIII適格「Tier２債」を含めることが認められている。さらに、債権の性質として見た場合、CET１よりは損失吸収力が弱いものの、Tier２債に比べると破綻に至る前に十分な損失吸収がなされる債権として「その他Tier１債（AT１：Additional Tier１）」を含めることが認められている。

　このAT１債の特徴[49]としては、満期がない債券であること（永久性）、仮に銀行が破綻した場合に預金者へ損失が及ばないように秩序ある破綻をもたらすこと（劣後性）が挙げられる。通常の破綻であれば、まず株式の価値が毀損され次いで劣後債の価値が毀損された結果、預金者の保護が図られる。このため、AT１債は預金者保護のためのバッファーとしての意義を有するとともに、普通社債よりも金利が高い一方でリスクは株式よりも低い安全商品と考えられ、低金利環境下で積極的に購入されてきた。

---

[46] 銀行は、預金を扱うことに起因する他のサービスに比べて高い公共性や、銀行経営の健全性に係る預金者との情報の非対称性の観点から政府が一定の規制を課すことが合理的と考えられている。また、国際的な活動を行う銀行に対しては国際的に統一的なルールを策定することで、国際的な活動を可能にするための基盤を作ることが合理的と考えられている。こうした考え方に基づき、国際金融システムに影響を与える銀行が破綻しないようにする規制、あるいは破綻したとしても秩序ある破綻を可能にする規制として、1988年にスイスのバーゼルで国際的な銀行への規制であるバーゼル規制が合意され、1992年に導入された。バーゼル銀行規制委員会で合意された規制（バーゼル規制）に関し、各加盟国は同規制と整合的な法令等を整備している。

[47] バーゼルIIIの基本的な考え方については、服部（2022a）及び金融庁「バーゼル３（国際合意）の概要」参照。

[48] 資本保全バッファー及ぶカウンタシクリカル・バッファーの考え方の詳細については服部（2023）参照。

[49] AT１債の考え方の詳細については服部（2022b）参照。

第1-1-44図　バーゼルⅢにおける自己資本の概要

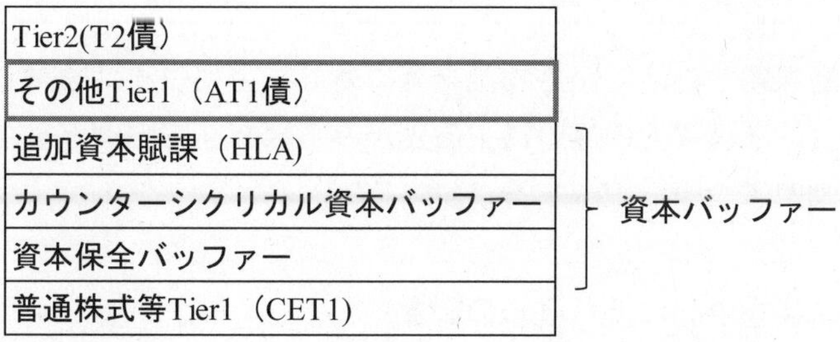

Tier2(T2債)	
その他Tier1（AT1債）	
追加資本賦課（HLA）	⎫
カウンターシクリカル資本バッファー	⎬ 資本バッファー
資本保全バッファー	⎭
普通株式等Tier1（CET1）	

（備考）金融庁「バーゼル3（国際合意）の概要」、服部（2022a）、
　　　　服部（2022b）、服部（2023）、日本銀行「バーゼル銀行監督
　　　　委員会によるニューズレター『資本バッファーの利用可能性
　　　　について』」より作成。

（市場参加者からの反対意見もみられるAT１債の無価値化）

　CSのAT１債のゼロ評価（無価値化）発表を受けAT１債の取引市場は混乱し、ECB及び欧州銀行監督機構、単一破綻処理委員会は、経営危機時の対応で引き続き社債保有者の前に株主に損失負担を求めると表明した。また、BOEは、市場の動揺を抑えるため、このような状況でまず損失を負担するのは株主で、債券保有者はその後になると表明した。

　一方でFINMAは、「CSのAT１債は、破綻回避に不可欠な特別な政府支援を受ける場合に減損処理され得ると目論見書で明示されており、19日のスイス政府からの支援はこれに該当する。また、スイスのAT１債は、発行銀行の株式資本が完全に毀損する前に、減損処理ないしCET１と交換されるよう制度設計されている旨を機関投資家に対し説明している。」と表明した。

　このようなFINMAの説明に対しては反対も多く、４月末にはスイス連邦行政裁判所は、CSのAT１債を保有する投資家によるFINMAに対する訴訟が、これまでに数百件に達していることを明らかにしている。CSはG-SIBsに指定されており、その買収及び手続については今後の各国の金融監督にも影響を与えると考えられるところ、国際的な理解を得る努力が引き続き求められる。

４．感染症収束後の中国の景気動向

　欧米では、共通課題となっている物価上昇に対して金利引上げを講じているが、両者の回復力には実質的な購買力の違いによる差がみられた。中国はどうだろうか。以下では、中国の景気動向について確認する。

（景気はサービス業を中心に持ち直しの動き）

　2022年末に広がった感染症の収束を受け、2023年１－３月期の成長率は前年同期比4.5％とプラス幅が拡大した（第1-1-45図）。内訳は、最終消費の寄与が3.0％ポイント、資本形成の寄与が1.6％ポイント、純輸出が▲0.1％ポイントとなり、外需の弱さが続く中で、国内では繰越需要の発現もあり内需を中心に成長率が2022年10－12月期よりも上昇した。４－６月期は前年同期比6.3％となり、持ち直しの動きが続いている（内訳は、最終消費5.3％ポイント、資本形成1.2％ポイント、純輸出▲1.1％ポイント）。ただし、前年４～５月に上海ロックダウンの影響があった点には留意が必要である。

第1-1-45図　中国の実質GDP成長率

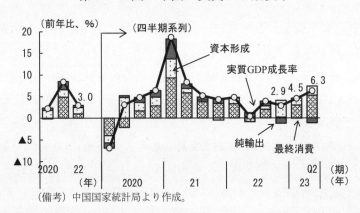

（備考）中国国家統計局より作成。

　景気の持ち直しの動きは、外食や旅行をはじめとしたサービス業を中心に進んでおり、４月のサービス業生産は前年同月比で13.5％、鉱工業生産も同5.6％と伸び率の上昇が続いた（第1-1-46図）。ただし、これらの値は、前年４～５月が上海ロックダウンの影響で著しく低下した影響を含んでいる。この影響を除くため、２年前同月比（年率換算）をみると、サービス業生産は４月は3.2％、鉱工業生産は同1.3％となる。サービス業生産は堅調に持ち直しているものの、鉱工業生産は、外需が伸び悩む（後述）中で、回復のペースは緩やかなものにとどまった。その後も両指標は緩やかな改善傾向が続いている（６月の２年前同月比は、鉱工業生産は4.1％、サービス業生産は4.0％）。

第1-1-46図　中国の生産（鉱工業、サービス業）

（1）鉱工業生産　　　　　　　　　　　　　　（2）サービス業生産

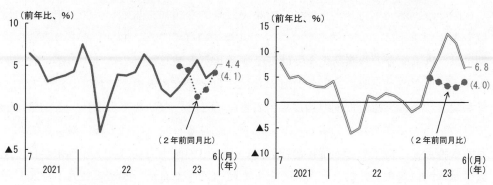

(備考) 1．中国国家統計局より作成。
　　　 2．2年前同月比は、2022年4－5月の上海ロックダウンの影響を除くための値（年率換算）。

Box. 中国衛生当局は感染収束を宣言

　中国では、2022年11月から感染症対策の段階的な緩和を開始し、2023年1月には感染症分類を引き下げ、いわゆるゼロコロナ政策を終了した[50]。2022年冬季の感染症再拡大期には、PCR検査の非義務化を受けて受検者数が急減したために日次の感染者数データの発表が取りやめられ、2023年2月からは、自発的なPCR検査における陽性者数、発熱外来受診者数等の感染症関連指標が公表されることとなった（表1）。各指標は2022年12月末から2023年1月初旬がピークとなり、2月6日時点では大幅に減少しており、4月27日時点まで低水準での推移が続いている。中国衛生当局は、「昨年末からの感染拡大は基本的に収束した」と宣言するとともに（2月28日）、2022年12月から2023年2月の間に国内人口の82%以上が感染したとの推計値を発表した（4月28日）。

表1　中国の感染症関連指標

	ピーク	2023年2月6日	同4月27日
PCR検査陽性者数	694万人 （2022年12月22日）	0.9万人	6,752人
PCR検査陽性率	29.2% （同12月25日）	1.5%	4.4%
発熱外来受診者数	延べ286.7万人 （同12月23日）	延べ13.7万人 （ピーク比▲95.2%）	延べ22.1万人 （ピーク比▲92.3%）
入院患者数	162.5万人 （2023年1月5日）	6万人 （ピーク比▲96.3%）	5,592人 （ピーク比▲99.7%）
入院患者数（重症）	12.8万人 （同1月5日）	0.2万人 （ピーク比▲98.1%）	19人 （ピーク比▲99.9%）
医療機関での死亡者数	4,273人 （同1月4日）	102人 （ピーク比▲97.6%）	0人 （ピーク比▲100%）

（備考）中国CDCより作成。

---

[50] 中国国務院は2022年11月、「防疫措置を最適化する20条の措置」を発表。封鎖対象地域を限定し、濃厚接触者の隔離期間を短縮したことで、全市レベルのロックダウンは実施されないこととなった。同年12月には無症状感染者や濃厚接触者の自宅隔離を可能とし、非高リスク地域での休業措置や人流制限を撤廃するなど更に緩和し、2023年1月には感染症分類を引き下げ、事実上ゼロコロナ政策を撤廃した。詳細は内閣府（2023）を参照。

（個人消費はサービスを中心に持ち直すが、財消費は弱い）

　サービスを中心に進んだ個人消費の持ち直しの動きは、小売総額（名目）の内訳である飲食サービスでも確認できる（第1-1-47図（1））。財については、社会経済活動の正常化を受けて、衣類等一部の品目については高い伸び率となった[51]（第1-1-47図（2））。他方、感染症収束に伴う繰越需要の発現の影響が低い財の伸び率は低く、特に家電等の住宅関連財の伸び率は不動産市場が軟調であることも受けて（後述）、低調に推移している[52]。

第1-1-47図　小売総額（名目）

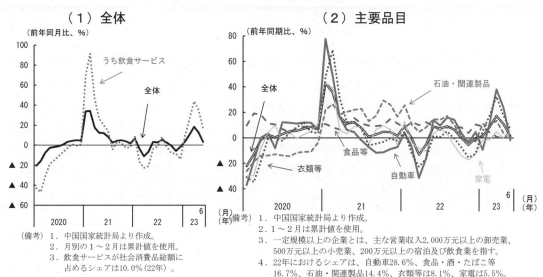

（1）全体

（前年同月比、%）

（備考）　1．中国国家統計局より作成。
　　　　 2．月別の1～2月は累計値を使用。
　　　　 3．飲食サービスが社会消費品総額に
　　　　　　占めるシェアは10.0%（22年）。

（2）主要品目

（前年同期比、%）

（備考）　1．中国国家統計局より作成。
　　　　 2．1～2月は累計値を使用。
　　　　 3．一定規模以上の企業とは、主な営業収入2,000万元以上の卸売業、500万元以上の小売業、200万元以上の宿泊及び飲食業を指す。
　　　　 4．22年におけるシェアは、自動車28.6%、食品・酒・たばこ等16.7%、石油・関連製品14.4%、衣類等8.1%、家電5.5%。

　なお、自動車については、半導体不足が緩和し供給が改善する中で、2022年末に一律の自動車減税や補助金が終了することを受けて、同年後半にかけて駆け込み需要が発生し、2023年年初にはその反動減がみられた（第1-1-48図）。その後は、新たな環境基準の導入[53]に向けた在庫調整のために大幅な値下げ販売が実施されたことから、販売台数には増加がみられている。しかしながら自動車業界[54]は、自動車の需要はまだ完全には回復しておらず、過度な販促に対して消費者の様子見が続いていると指摘している[55]。

---

[51] 前年（2022年4月前後）の値が低い影響も含まれる。
[52] 2023年1～4月累計の前年同期比で、家電▲4.6%、家具▲3.3%、建材・塗装材料▲11.5%等。
[53] 中国政府は欧州基準を参考にした排ガス基準を2001年から導入しており、「国6」基準については規制を「国6a」と「国6b」に分けて段階的に導入。2023年5月8日、より厳格な「国6b」を7月1日から施行し、基準に準拠していない車両の生産、輸入、販売を禁止すると発表。ただし、一定の基準を満たす車は2023年12月31日まで販売を許可するとした。中国汽車（自動車）工業協会によると2023年1月末時点で新基準のRDE（路上走行試験）要件を満たさない車両の在庫は189万台以上、部品を含めた在庫は200万台以上。
[54] 中国汽車工業協会。
[55] 中国汽車工業協会（2023）。

第1-1-48図　乗用車販売台数

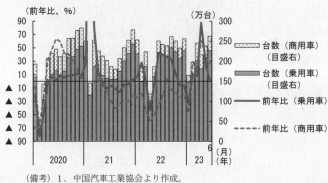

（備考）　1．中国汽車工業協会より作成。
　　　　　2．出荷ベース。
　　　　　3．自動車販売台数のうち、乗用車が87.7％を占める（2022年）。

　このように財消費の回復力が弱いことを受けて、中国政府は、消費回復を促進する方針を打ち出している。2022年12月の中央経済工作会議において、国内需要の拡大に注力する方針を示した。さらに2023年３月の政府活動報告では、自動車や家電等単価の高い「大型消費」の安定化を重視する方針が打ち出された。こうした方針を踏まえ、内需の回復、拡大を図るため累次の消費喚起策が示されている（第1-1-49表）。具体的には2022年12月以降に40以上の省区市で消費券が発行され、広東省等においては自動車購入補助が実施されるとともに、湖北省においては小口融資制度が新設されている。

第1-1-49表　中央・地方の主な消費喚起策

決定・発表日	中央政府
2022年12月14日 （国務院等）	○内需拡大戦略計画綱要（2022-2025）を発表。消費・投資の促進による内需の規模拡大、分配改善（都市部と農村部の発展格差縮小等）、供給の質向上（産業構造の高度化等）、市場経済体系の整備（制度改善等）経済循環の円滑化（より高いレベルの開放型経済形成等）が掲げられた。また、オンラインとオフライン消費の融合やグリーン消費の発展推進等が盛り込まれた。
12月16日 （中央経済工作会議）	○国内需要拡大に注力する。消費の回復・拡大を優先的に位置付ける。様々なルートで都市・農村住民の収入を増やし、住居の改善、新エネ車・介護サービス等の消費を支援する。
2023年3月2日 （商務部等）	○三方面での消費の回復・拡大に注力する。 (1)今年を消費振興年に位置付け、関連活動を展開する。 (2)自動車（新エネルギー車の消費支援や中古車の流通拡大）、家電、住居、飲食等重点分野を安定化・強化し、消費基盤を固める。 (3)国際消費中心都市（上海、北京、広州、天津、重慶）の構築を推進。
3月5日 （政府活動報告）	○国内需要拡大に注力する。消費の回復・拡大を優先的に位置付ける。様々なルートで都市・農村住民の収入を増やす。大型消費を安定させ、個人向けサービス消費の回復を促進する。
4月19日 （国家発展改革委員会等）	○消費の持続的な回復のため四方面に焦点を当てる。 (1)消費の持続的な回復促進（大型消費等の重点分野の消費回復に関する政策文書の策定等）。 (2)自動車消費の安定に向けた取組強化（充電ステーションの建設促進等）。 (3)消費能力の向上推進（所得上昇、雇用促進等）。 (4)消費条件の最適化（安全な消費環境の構築に関する政策文書の策定等）。
	地方政府
12月以降 （各地方政府）	○40以上の省区市が消費券を発行（江蘇省：2.5億元、福建省：2億元、天津市：1.1億元等）し、自動車補助金政策（広東省、海南省、北京市等計約6億元）を実施。また金融面でも消費拡大を支援（湖北省：500億元規模の小口融資制度を新設等）。 ○広州市が「国際消費中心都市の発展計画」を発表。観光客数の2割増、省売上高を16.2%増の1兆1,765億元、住民一人当たりの平均消費支出を2.0%増の4万8,100元、消費品の輸入額を1.9%増の780億元に引き上げる目標を掲げた。

（備考）各種政府資料より作成。

（感染症拡大以降は所得が伸び悩む一方で貯蓄が増加）

　財消費の回復力が弱い背景としては、2020年以降の累次の感染症拡大の後遺症として、所得の伸び悩みと貯蓄率の上昇、すなわち消費性向の低下もある。

　所得の動向をみると、一人当たりの実質可処分所得は2022年は前年比2.9%、2023年1－3月期は同3.8%、4－6月期も同5.8%と、感染症拡大前の上昇率（年平均7.1%[56]）と比べ低い伸び率にとどまっている[57]（第1-1-50図）。

　貯蓄率をみると、2022年以降は上昇基調となっており（第1-1-51図）、また家計の預金額も右肩上がりで増加している（第1-1-51図）。この背景としては、中国人民銀行の調査[58]によると、2020年の感染症拡大以降、より多く貯蓄する意向の預金者が増加基調となっており、2022年10－12月期には61.8%と2002年の調査開始以来最も高い値になったことが挙げられる（第1-1-53図）。このために家計の消費性向は、2022年には2020年と同程度まで低下しており、2023年上半期も感染症拡大前の2019年を下回る水準となっている（第1-1-54図）。

---

[56] 同統計において全国の実質伸び率が発表されている2013年以降で、感染症拡大前（2019年）までの平均伸び率。
[57] 実質値では、2023年1－3月期にやや伸びが高まっているが、これには2023年に入り食品等を中心に消費者物価が低下傾向にあることが影響しているとみられる。
[58] 中国人民銀行による2023年4月時点の調査。現状と比較して今後更に消費/貯蓄/投資を増やす意向と返答した割合。投資には(1)銀行・証券・保険会社の理財商品、(2)基金信託商品、(3)株式、等が含まれる。

実質可処分所得が伸び悩み、所得面からの下支えが弱い中で貯蓄率が上昇し、サービス消費は感染症収束に伴い持ち直しているものの、財消費の回復力は弱められていることから、個人消費の自律的な回復にはまだ至っていないと考えられる。中国政府は消費喚起策を打ち出しているが、これが呼び水となり貯蓄率の引下げを伴う消費拡大につながり、景気の自律的な回復に向かうことができるか、引き続き注視が必要である。

第1-1-50図　一人当たり可処分所得

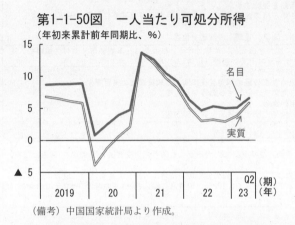

（備考）中国国家統計局より作成。

第1-1-51図　貯蓄率の推移

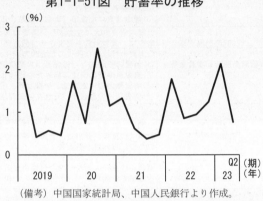

（備考）中国国家統計局、中国人民銀行より作成。

第1-1-52図　家計預金新規増加額の推移

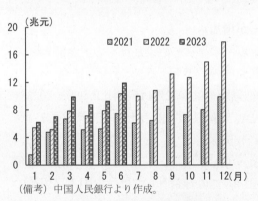

（備考）中国人民銀行より作成。

第1-1-53図　都市預金者の貯蓄・消費・投資の意向

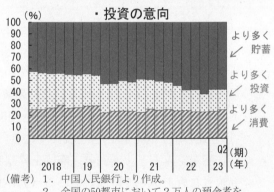

（備考）1．中国人民銀行より作成。
　　　　2．全国の50都市において2万人の預金者を対象に調査を実施。

第1-1-54図　消費性向

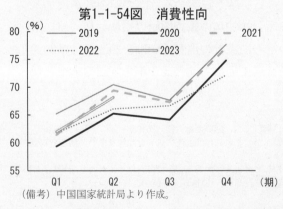

（備考）中国国家統計局より作成。

（輸出は持ち直しの動きの後停滞）

　中国の財輸出額[59]は、2022年10月に前年比でマイナスに転じて以降、2023年３月にプラス転換したが、５月以降は改めてマイナスとなり、停滞がみられている（第1-1-55図（１））。数量ベースでは、2022年ほど力強くはないものの、2023年入り後に持ち直しの動きがみられた（第1-1-55図（２））。主要品目の動向を金額ベースでみると、世界的に半導体やパソコンの需要減速がみられる中で、年末年始にかけて電子集積回路やパソコン等は前年を下回って低調に推移したが、2023年年初からは、前年の反動もあり伸び率のマイナス幅は縮小している（第1-1-56図（１））。

　財輸入額は、2022年は弱い動きが続いていたが、内需の減少等を受けて、2022年11月以降は減少傾向が顕著になっている（第1-1-55図（１））。数量ベースでも2023年は低水準が続いている（第1-1-55図（２））。主要品目の動向を金額ベースでみると、電子集積回路は2022年５月以来、前年比のマイナス幅が拡大している（第1-1-56図（２））。こうした状況は、世界的な需要減速のほか、米国による対中半導体規制の強化も影響しているとみられる[60]。また、原油については、価格の下落を背景に2022年の年央以降、伸びは低下が続いている。

　なお、近年中国では、中間財から最終消費財までを国内で生産する内製化が進んでおり、加工貿易（再輸出）用の輸入の比率は低下している一方、国内消費用の一般貿易の比率は高まっている（第1-1-57図）[61]。こうしたことから、従前に比べ、内需不足による輸入停滞がより顕著にみられるようになっていると考えられる。

---

[59] 輸出入額は、断りのない限り全てドルベース。
[60] ２節１項アメリカを参照。
[61] 詳細は本田（2023）。

第1-1-55図　財輸出入

（1）金額

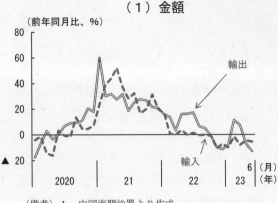

（前年同月比、%）

輸出

輸入

2020　21　22　23　6（月）（年）

（備考）　1．中国海関総署より作成。
　　　　　2．月別の1～2月は累計値を使用。

（2）数量

（指数、2019年1月=100）

輸出

輸入

2021　22　23　5（月）（年）

（備考）　1．オランダ経済分析総局より作成。
　　　　　2．季節調整値。

第1-1-56図　主な個別品目

（1）輸出

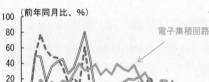

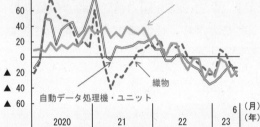

（前年同月比、%）

電子集積回路

織物

自動データ処理機・ユニット

2020　21　22　23　6（月）（年）

（備考）　1．中国海関総署より作成。
　　　　　2．1～2月は累計値を使用。
　　　　　3．22年におけるシェアは、自動データ処理機・
　　　　　　 ユニット6.6%、織物4.1%、電子集積回路4.3%。

（2）輸入

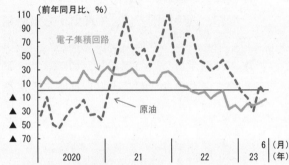

（前年同月比、%）

電子集積回路

原油

2020　21　22　23　6（月）（年）

（備考）　1．中国海関総署より作成。
　　　　　2．1～2月は累計値を使用。
　　　　　3．22年におけるシェアは、電子集積回路15.3%、
　　　　　　 原油13.3%。

第1-1-57図　輸入構造の推移

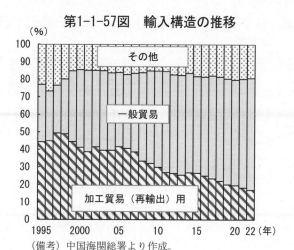

(%)

その他

一般貿易

加工貿易（再輸出）用

1995　　2000　　05　　　10　　　15　　　20 22 (年)

（備考）中国海関総署より作成。

（政策支援があるものの、不動産市況は軟調な動き）

　中国では、不動産ディベロッパーの資金繰り問題が長引く中、2022年11月からの累次の不動産市場支援策の実施を受けて[62]、住宅価格は、地方都市（３級都市[63]）も含めて前月比プラスで推移し好転がみられているが、その伸び率は徐々に低下している（第1-1-58図）。不動産販売面積は、繰越需要が１－３月期に集中的に発現したことからマイナス幅が顕著に縮小したものの、４月以降は再びマイナス幅が拡大しており、市況は軟調な動きとなっている（第1-1-59図）。

---

[62] 内閣府（2023）。
[63] 国家統計局の分類により、１級都市は中国を代表する国際都市の４都市（北京、上海、広州、深セン）、２級都市は各地方で規模が最も大きな31都市（天津、重慶、杭州、成都等）、３級都市は各地方で中堅の35都市（吉林、温州、洛陽、桂林等）。

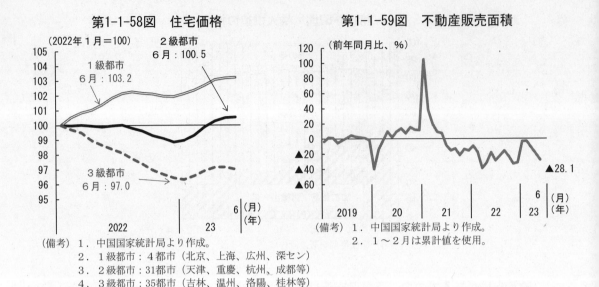

第1-1-58図　住宅価格

（2022年1月＝100）　2級都市
6月：100.5
1級都市
6月：103.2
3級都市
6月：97.0

2022　23　6（月）（年）

（備考）　1．中国国家統計局より作成。
　　　　2．1級都市：4都市（北京、上海、広州、深セン）
　　　　3．2級都市：31都市（天津、重慶、杭州、成都等）
　　　　4．3級都市：35都市（吉林、温州、洛陽、桂林等）

第1-1-59図　不動産販売面積

（前年同月比、%）

2019　20　21　22　23　6（月）（年）

▲28.1

（備考）　1．中国国家統計局より作成。
　　　　2．1〜2月は累計値を使用。

　需要回復が遅れる中、不動産開発投資のマイナス幅も拡大に転じている（第1-1-60図）。こうした中で、不動産関連融資残高は前年比のプラス幅の縮小が続いている（第1-1-61図）。内訳をみると、不動産開発向け貸出には持ち直しの動きがみられる[64]ものの、住宅ローン向け貸出は2023年1－3月期に前年比▲0.2%と減少に転じており、引き続き需要の弱さが確認できる。

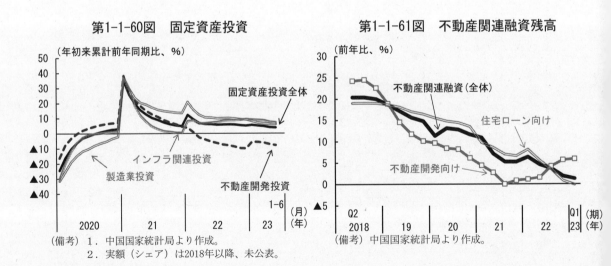

第1-1-60図　固定資産投資

（年初来累計前年同期比、%）

固定資産投資全体
インフラ関連投資
製造業投資
不動産開発投資

2020　21　22　23　1-6（月）（年）

（備考）　1．中国国家統計局より作成。
　　　　2．実額（シェア）は2018年以降、未公表。

第1-1-61図　不動産関連融資残高

（前年比、%）

不動産関連融資（全体）
住宅ローン向け
不動産開発向け

Q2
2018　19　20　21　22　Q1
23（期）（年）

（備考）　中国国家統計局より作成。

---

[64] 不動産開発向け融資の前年比プラス推移と、不動産開発投資の前年比マイナス推移の継続にはかい離がある。一定の時間差はあり得るものの、不動産開発向け融資が、不動産開発業者の資金繰りや既存の工事向けに充てられ、新規の投資につながる比率が低下している可能性がある。

住宅需要の伸び悩みは、関連する小売や生産にも影響を及ぼしている。住宅関連財（建材・内装、家具）の小売は2023年初頭に前年比でプラス転換したが、３月からは再び弱い動きとなっている（第1-1-62図）。生産面でも、家具や建材は前年比マイナスでの推移が続いている（第1-1-63図）。小売・生産ともに全体では持ち直しの動きがみられているものの、住宅関連部門が足かせとなっている。

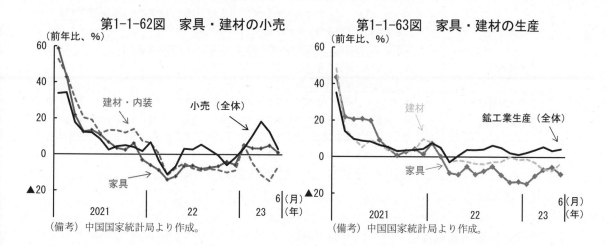

第1-1-62図　家具・建材の小売

（前年比、％）

建材・内装　　小売（全体）

家具

（備考）中国国家統計局より作成。

第1-1-63図　家具・建材の生産

（前年比、％）

建材　　鉱工業生産（全体）

家具

（備考）中国国家統計局より作成。

なお、中国の不動産セクターは、関連部門も含めてGDPの３割相当とされ、経済全体への影響も大きい。2022年11月以降の不動産市場支援策の効果の息切れがみられる中で、不動産セクターにおける過剰債務問題の構造的な解決には至っておらず[65]、追加支援策も含め、今後の動向に注視が必要である。

（経済・金融の安定を重点方針に掲げた2023年の全人代）

2023年の全国人民代表大会（全人代[66]）では、政府活動報告において、同年の成長率目標を「5.0％前後」と設定した。成長率目標は、2022年の成長率が感染症の影響で3.0％にとどまったことでベースが低いことを踏まえると、やや保守的な水準に設定されている。また、経済政策の重点事項では、消費の回復、拡大を優先課題に位置付け、重大経済金融リスクの防止・解消に努めることとしている[67]（第1-1-64表）。

---

[65] 不動産セクターにおける過剰債務問題については内閣府（2023）、その解消状況に関する評価は１章３節２項を参照。

[66] 国会に相当。2023年の会期は３月５～13日。

[67] 同年の全人代で選出された李強新総理は、閉幕後の記者会見において、「マクロ政策、需要拡大、改革イノベーション、リスク防止・解消の各分野において連続技（組合拳）を上手く決めることが重要」と述べている。

第1-1-64表　全人代のポイント（2023年の経済政策の重点事項）

1．内需拡大	➤ <u>消費の回復、拡大を優先課題に位置づけ。</u>
	➤ 社会全体の投資を効果的に喚起。
	➤ 輸出による経済の下支えを継続。
2．産業体系の高度化	➤ 産業体系の自主コントロール、安全確保を保障。
	➤ 新たに5,000万トンの食糧生産能力向上行動を実施。
	➤ 先端技術[68]の研究開発、応用を推進、展開。
	➤ プラットフォーム企業による発展のけん引、雇用創出、国際競争での活躍を支援。
3．企業支援	➤ 国有企業のコア競争力を高め、ガバナンスを改善。
	➤ 民間企業の財産権、起業家の権益を保護。民間企業の難題を解決。
4．外資利用	➤ 高水準の対外開放を推進し、貿易投資協力の質とレベルを引き上げる。
	➤ 外資企業の内国民待遇に取り組む。
5．重大経済金融リスクの防止・解消	➤ 住宅引渡しを確保。不動産セクターの合理的な融資需要を満たし、合併、買収、再編を推進。一部大手不動産企業のリスクを防止、解消し、資産負債状況を改善。
	➤ 都市ごとに施策を講じ、住宅への実需や高度化需要を支援。「住宅は住むためのもので投機対象ではない」との位置づけを堅持。
	➤ <u>システミック金融リスク、地方政府の債務リスクの防止・解消。</u>

（備考）新華社より作成。

　また、政府活動報告において、金融政策については「穏健な金融政策は的確で強力なものにする」「人民元為替相場の合理的な均衡水準での堅調な推移を保つ」との方針を示している。これを受け中国人民銀行は、2023年３月の全人代閉幕後速やかに、預金準備率の引下げを発表した（第1-1-65図）[69]。さらに同年６月には、事実上の政策金利と位置付けられる中期貸出ファシリティ（MLF）金利[70]の引下げを発表し、これに連動して市中銀行の最優遇貸出金利（LPR）[71]も低下した。感染収束後の景気回復のペースが緩やかなものにとどまる中で、金融面からの景気の下支えが図られている。

---

[68] 新エネ・AI・バイオ製造・グリーン低炭素・量子計算等。
[69] 大手金融機関向けの預金準備率は10.75％ポイントとなった。2023年３月の引下げの目的について中国人民銀行は、「経済の質的向上と適正な規模拡大を実現し、マクロ政策の連続技を上手く決め、実体経済への支援を高め、銀行システムの流動性を適度に潤沢に維持する。」とした。
[70] Medium-term Lending Facilityの略。中央銀行から金融機関への資金供給手段の一つ。１年物は2016年より実施。
[71] Loan Prime Rateの略。中央銀行が選定した18の銀行から報告された貸出金利の加重平均値。2019年より実施。

第1-1-65図　金融政策の動向

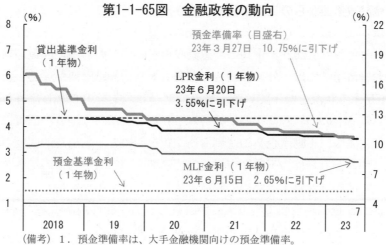

（備考）　1．預金準備率は、大手金融機関向けの預金準備率。
　　　　　2．MLFとは中期貸出ファシリティの略。中央銀行から金融機関への
　　　　　　　資金供給手段の一つ。1年物は16年より実施。
　　　　　3．LPRとは最優遇貸出金利の略。中央銀行が選定した18の銀行から
　　　　　　　報告された貸出金利の加重平均値。19年より実施。

（地方財政の健全性に問題がある中、減税規模は縮小）

　2023年の政府活動報告によると、2022年までの5年間の累計減税額は5.4兆元に上り、2022年には減税規模は過去最大となった（第1-1-66図）。財政部は、2023年の新規の税金・費用の減免額は1.2兆元としており、2022年の規模からは縮小がみられる。背景には、感染症収束を受けた経済活動の正常化に合わせた政策の正常化という側面に加え、地方財政のひっ迫問題があるとみられる（1章2節2項参照）。本年の政策の重点事項においても「地方政府の債務リスクの防止・解消」が掲げられている。

第1-1-66図　税金・費用の減免額の推移

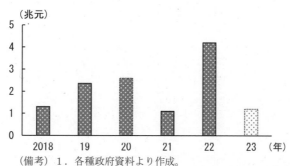

（備考）　1．各種政府資料より作成。
　　　　　2．2020年は「2.6兆元以上」、うち社会保険料の減免額は1.7兆元。
　　　　　3．5年間の累計減税額と各年の合計額は一致しない。

（今後も金融政策面からの支援が続く可能性）

　中国では2020年以来、感染症の一時的な収束後（2020年6月、2022年6月）にはV字回復がみられており、2023年上旬にも感染収束を受けての力強い回復が期待されたが、4月以降の経済指標では、外需の弱さの影響もあり、繰越需要が一巡した後の持続的な需要[72]が不足する状況となっている。当面はサービス業を中心とした持ち直しの動きが続くとみられるものの、貯蓄率の上昇がみられることから、消費の回復には不確実性が伴っており、また、不動産企業の過剰債務問題を始めとした構造的問題の解決にも更なる期間を要するとみられ、不動産市場及び関連部門の停滞が回復の足かせとなり得る。

　このような問題に対処するための政策支援の財源にも不安を抱えることから（1章2節2項参照）、金融政策面での下支えが続けられる可能性があるが[73]、年後半にかけ回復力を高めることができるか、引き続き注視が必要である。

---

[72] 中国当局は「後続需要」と呼称。
[73] 2023年6月20日のLPR引下げ（1年物は3.55%に、5年物は4.20%に、それぞれ0.10%ポイントずつ引下げ）を受け、複数の外銀等は、年内の追加的な預金準備率引下げや利下げを予測。LPR 5年物は、住宅ローン金利の参照値とされる。

第2節　経済の先行きをみる上で重要なトピック

　前節においては欧米の景気・物価動向及び金融政策、及び中国の景気動向の分析等を踏まえて世界全体の景気動向を概観した。本節では、その内容を補完するとともに、経済の先行きをみる上で重要な、アメリカ、中国、ヨーロッパの各地域及び国際金融におけるトピックについて分析する。

1．アメリカ：米中貿易摩擦、自動車販売、住宅市場及びMBS債、労働市場

　アメリカ経済は緩やかな回復がみられているものの、貿易面では米中貿易摩擦が継続するとともに、急速な金融引締めが消費や住宅投資に与える影響が懸念されている。また、労働市場の動向は金融政策上の主要な論点である。このような構造問題及び需給両面の動きは経済の先行きをみる上でも重要なテーマであることから本項では、米中貿易摩擦、消費のうち自動車販売、住宅市場及びMBS債、労働市場の動向を分析する。

（1）米中貿易摩擦の動向
（政権交代の2021年以降も、米中貿易摩擦は継続）

　2018年4月における、アメリカによる1974年通商法第301条（いわゆるスーパー301条）に基づく中国からの輸入品に対する追加関税の発表を契機に、米中両国の間で貿易摩擦が生じた[74]（第1-2-1表）。その結果、中国は追加関税措置[75]が始まった2018年から2019年にかけてアメリカの輸入に占めるシェアを大きく落とし、2022年にはEUを下回ることとなった（第1-2-2図）。

　2021年1月のバイデン大統領の就任後は、国家安全保障や経済繁栄を理由として半導体やバッテリー等のサプライチェーンの国内回帰の動きが促進されており、特に中国を主眼に置いて輸出規制や調達制限の措置が取られている。今後はこれらの措置が米中貿易の動向に影響を及ぼしていくと考えられるところ、次に主な措置について概観する。

---

[74] 詳細は内閣府（2019a、2019b、2020a）を参照。
[75] 追加関税措置のうち2018年7月及び8月に実施した措置は2022年には4年間の期間満了を迎えたが、国内の産業界より継続要請があったため、アメリカ通商代表部（USTR）は2022年9月に措置の継続を発表した。なお、2023年3月に公表されたアメリカ国際貿易委員会（USITC）の報告書においては、当該措置は2018～2021年の平均で、中国からの輸入を13％減らし、アメリカの生産額を0.4％増加させ、アメリカ製品の価格を0.2％上昇させたとしているが、当該措置が純益をもたらしたか否かの結論は出していない。

第1-2-1表　アメリカと中国の追加関税措置

（アメリカ）

	関税賦課開始日	内容	対象項目の具体例
第1弾	2018年7月6日	340億ドル相当 25%追加関税	産業機械 電子部品
第2弾	2018年8月23日	160億ドル相当 25%追加関税	プラスチック製品 集積回路
第3弾	2018年9月24日 2019年5月10日	2,000億ドル相当 10%追加関税 25%追加関税	食料品・飲料 家具
第4弾	2019年9月1日 2020年2月14日	15%追加関税 7.5%追加関税	3,000億 ドル相当	衣類 テレビ
	2019年12月15日 →見送られ未実施	15%追加関税		携帯電話 ノートパソコン

（中国）

	関税賦課開始日	内容	対象項目の具体例
第1弾	2018年7月6日	340億ドル相当 25%追加関税	大豆等の農産物 自動車（普通車等） 水産品
第2弾	2018年8月23日	160億ドル相当 25%追加関税	化学工業製品 医療設備 エネルギー製品 自動車（小型車・バス等）
第3弾	2018年9月24日 2019年6月1日	600億ドル相当 5～10%追加関税 5～25%追加関税	液化天然ガス 食料品・飲料 電気製品 自動車部品
第4弾	2019年9月1日 2019年2月14日	5～10% 2.5～ 5%	750億ドル 相当	大豆 石油
	2019年12月15日 →見送られ未実施	5～10%		小麦 自動車

（備考）アメリカ通商代表部、中国国務院関税税則委員会公表資料より作成。

第1-2-2図　アメリカの財輸入に占める主要輸入相手国・地域のシェアの推移

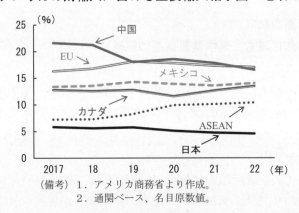

（備考）1．アメリカ商務省より作成。
　　　　2．通関ベース、名目原数値。

（輸出規制により、中国向け半導体輸出は減少）

　輸出規制の影響が特にみられるのは半導体である。2022年10月7日にアメリカ商務省産業安全保障局（Bureau of Industry and Security: BIS）は、中国への先端半導体、スーパーコンピューター、半導体製造装置及びその関連品目に対する新たな輸出規制の暫定最終規則（Interim Final Rule: IFR）[76]を発表した。それまでは中国の一部企業に限定してい

---

[76] BISは当該措置について、国家安全保障と外交政策の利益を保護するための取組の一環であり、軍事システムの近代化に使用されるスーパーコンピューター等の中国の開発・生産能力を制限するものであると説明している。

た輸出管理規則（Export Administration Regulations: EAR）[77]の対象範囲を拡大し、先端半導体等を中国に輸出する場合は許可が必要となった。また、アメリカ人[78]が中国国内でこれらの分野における開発や生産を支援する場合にも許可が必要となった。新たな措置の概要は第1-2-3表のとおりであり、2022年10月中に順次発効されることとなった。

第1-2-3表　対中半導体輸出規制措置の概要

（1）	特定の先端コンピューティングチップ及びそのようなチップを含むコンピューター商品と半導体製造装置及びその関連品目を通商管理リスト（CCL）に追加する。
（2）	最終用途が、中国におけるスーパーコンピューターや半導体、半導体製造装置及び関連品目の開発・製造となる品目に対して新たなライセンス要件を追加する。
（3）	EARの適用範囲を、特定の外国製先端コンピューティング製品と、スーパーコンピューターが最終用途となる外国製品に対して拡大する。
（4）	既存のエンティティー・リストに掲載されている中国所在の28社に対して、ライセンス要求の対象となる外国製品の範囲を拡大する。
（5）	指定されたICを製造する中国の半導体製造施設宛ての品目について、新たなライセンス要件を追加する。
（6）	アメリカ人がライセンスなしに、特定の中国にある半導体製造施設でのICの開発または生産を支援することを制限する。
（7）	中国国外で使用される品目に関する限定的な製造活動を許可することにより、半導体サプライチェーンへの短期的な影響を最小限に抑えるための暫定包括許可（TGL）を設置する。

（備考）　1．アメリカ商務省産業安全保障局公表資料より作成。
　　　　　2．通商管理リスト（CCL）とは、EARの規制対象の品目リストのこと。
　　　　　3．エンティティー・リストとは、特定の品目のライセンス要件の対象となる事業者をリストアップしたもの。
　　　　　4．アメリカ国外で生産された製品であっても、アメリカの技術やソフトウェアを用いている場合にはEARの対象となり、場合によっては取引にライセンスが必要となる。

　そこで、半導体関連品目の中国向け輸出を確認すると、2022年３月以降は緩やかな減少傾向であったものの、同年10月以降は、世界全体向けに比べても中国向けの落ち込みがより大きくなっていることが分かる（第1-2-4図）[79][80]。中国は当該措置についてWTOに提訴しており、引き続き動向が注目される。

---

[77] BISの管轄で、特定の輸出等を管理している規則。EARでは輸出以外の行為（国外での取引等）に適用する規定もある（国外で生産されたが、アメリカの技術を用いている品目の取引等）。主な対象品目は「デュアルユース」と呼ばれる、軍事用としても非軍事用としても利用可能な品目。
[78] ここでいうアメリカ人とは（1）アメリカ国民、アメリカ永住外国人、保護対象者（一時滞在を認められた外国人、難民として認められた者等）である個人、（2）アメリカまたはアメリカ国内の司法管轄区の法律に基づいて組織された法人、（3）アメリカ国内のあらゆる人、を指す。
[79] 輸出規制対象の品目を統計区分から絞ることができないため、半導体関連製品全体を用いる。
[80] なお、2022年末にかけては中国国内の感染症再拡大による需要減少の影響が重なっているが、10月時点では感染者数の増加は限定的であり、11月にも全市レベルのロックダウンは実施しない方針が発表されたことで、11月まで鉱工業生産は前年同月比プラスで推移した。こうした中で、アメリカの中国向け輸出も2022年11月まで大幅な減少はみられなかったが、半導体関連品目については10、11月に顕著に減少していた。中国の感染動向に関する詳細は内閣府（2023）を参照。

なお、中国商務省と海関総署は2023年7月3日に、国家の安全と利益を保護するとの目的で、8種類のガリウム関連品目及び6種類のゲルマニウム関連品目の輸出を同年8月1日より規制することを発表した。ガリウムとゲルマニウムは半導体の材料として使用されるため、対中輸出規制に対する対抗措置である可能性があるところ、同製品の対米輸出を中心とした輸出動向を今後注視する必要がある。

第1-2-4図　半導体関連品目の輸出の推移

（1）世界全体と中国　　　　　　　　　（2）対中国輸出の全品目と半導体関連品目

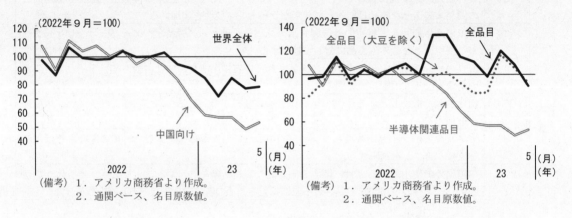

（備考）1．アメリカ商務省より作成。
　　　　2．通関ベース、名目原数値。

（米中貿易摩擦の影響はアメリカの輸出だけではなく、輸入にも現れている）

　米中貿易摩擦の影響はアメリカの輸出だけではなく、輸入にも現れている。2022年8月に成立した「インフレ抑制法」では、電気自動車の購入者に対して最大7,500ドルの税額控除が盛り込まれた。2023年4月18日に発効した税額控除要件には以下の項目が含まれており、他の条件[81]を満たした上で、この2つとも満たしていれば7,500ドルの税額控除、1つを満たしていれば3,750ドルの税額控除となる。

（i）バッテリーに含まれる重要鉱物に係る要件：

　　アメリカまたはアメリカと自由貿易協定を結んでいる国で抽出または加工された重要鉱物が、バッテリーに含まれる重要鉱物のうち一定割合以上であること。

（ii）バッテリー部品に係る要件：

　　北米で製造または組み立てられた部品が、バッテリー部品のうち一定割合以上であること。

　現状、アメリカのバッテリーの輸入シェアの大部分を中国が占めており、本要件は中

---

[81] 車両の重量、バッテリーの容量、購入者の所得、メーカー希望小売価格。

国からの輸入集中を脱却することを目指している（第1-2-5図）。上記要件の割合[82]は年々引き上げられていくこととなっており、各メーカーが北米での工場新設を次々に発表していることを踏まえると、今後はカナダやメキシコがシェアを拡大していく可能性がある。

　また、2022年12月に成立した2023年度国防授権法5949条では、連邦政府機関が、特定の半導体製品やサービスを含む電子部品、製品及びサービスを調達する契約を結ぶことを禁止することが盛り込まれた[83]。当該措置は本法の制定日から３年以内に禁止令を制定することとしており、５年後には発効となる。また、アメリカ商務省は本法の制定日から180日以内に、（i）国内及び同盟国の半導体設計・生産能力の分析をし、（ii）特定の半導体が連邦システムや、連邦システム以外を含む請負業者及び下請け業者のサプライチェーンにもたらすリスクの評価をし、（iii）連邦政府の要件を満たすために必要な国内半導体の設計・生産能力の向上及び供給業者の支援のための戦略策定を行うこととなっている。

第1-2-5図　バッテリーの輸入元国別シェア（2022年）

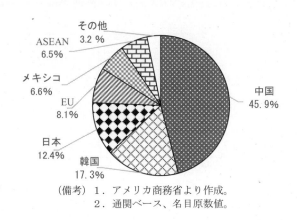

（備考）１．アメリカ商務省より作成。
　　　　２．通関ベース、名目原数値。

（米中貿易摩擦の拡大は、アメリカの企業の設備投資にも影響）

　米中貿易摩擦の拡大は貿易面だけではなく、アメリカの企業の設備投資にも影響を及

---

[82] この割合は金額ベースで、（i）については、2023年は40％、2024年は50％、2025年は60％、2026年は70％、2027年以降は80％、（ii）については、2023年は50％、2024年及び2025年は60％、2026年は70％、2027年は80％、2028年は90％、2029年以降は100％とされている。

[83] ここでの特定の半導体製品やサービスは、中国企業であるSemiconductor Manufacturing International Corporation（SMIC）、ChangXin Memory Technologies（CXMT）及びYangtze Memory Technologies Corp（YMTC）、またはその子会社、関連会社、後継会社が設計・生産、提供するものとされており、中国を意識した措置となっている。この他にも製品及びサービスを提供する企業が懸念国の政府が所有または管理していると判断された場合にはこの措置の対象となる。

ぼしている。2021年6月にアメリカエネルギー省（Department of Energy：DOE）は「リチウムイオンバッテリーに関する国家計画[84]」を発表した。本計画は世界全体での膨大なリチウムイオンバッテリー需要増に対応できるような体制構築をするための投資を誘導することを目的としている[85]。また、中国は世界最大のEV市場であり、リチウムイオンバッテリー製造のサプライチェーンを支配していると指摘しており、急速に生産能力を拡大し続ける中国を追い上げなければならないとしている。また、2022年5月にDOEはこの計画を踏まえ、2021年11月に成立した「インフラ投資・雇用法[86]」に基づき、以下のとおりバッテリーの国内製造に関する助成金を発表している（第1-2-6表）。

これらは、2030年までに販売される乗用車及び小型トラックの新車の50%をバッテリー電気自動車、プラグインハイブリッド電気自動車、燃料電池電気自動車を含むゼロエミッション車にするという2021年8月の大統領令の目標達成を支援するものとなっている。2020年以降、電気自動車のシェアの拡大とともにバッテリーの輸入金額は増加し続けており、なかでも徐々にシェアを拡大している中国への依存度は高まっている（第1-2-7図）。

第1-2-6表　アメリカ国内でのバッテリー製造等に対する助成金

公表日	助成金額	用途
2021年5月2日	31億ドル	国内のバッテリー材料加工とバッテリー製造拡大
2021年5月2日	6,000万ドル	電気自動車用バッテリーのリサイクルと再利用
2021年5月3日	最大4,500万ドル/受給先	電気自動車用バッテリーの国内開発
2021年10月19日	28億ドル（民間投資を含めると90億ドル以上の規模）	電気自動車及び電力網用のバッテリーの国内製造拡大

（備考）アメリカエネルギー省公表資料より作成。

[84] 本計画は、2030年までにアメリカとそのパートナー国が、国家安全保障の要件を満たす安全なバッテリー材料と技術のサプライチェーンを確立するための次の目標を掲げている。（i）重要な鉱物について、原料等の調達手段を確保し、その代替品を発見する。（ii）国内の需要に対応できる素材加工拠点の育成を支援する。（iii）国内の電極、セル、パック製造分野を活性化させる。（iv）国内のバッテリー再利用とその材料のリサイクル活動を拡大し、国内循環型サプライチェーンを実現する。（v）研究開発、STEM教育、人材育成を支援することにより、アメリカのバッテリー技術におけるリーダーシップを維持・発展させる。
[85] 2021年以降アメリカ国内でのバッテリー工場新設の動きは活発になっている。例えば、アメリカのフォードは韓国のSK Onとの合併会社を設立し、それを通してテネシー州とケンタッキー州での工場新設に114億ドルを共同出資したほか、別途ミシガン州での新設に35億ドルを投資している。また、アメリカのGeneral Motors（GM）は韓国のLG Energy Solutionとの合併会社を通してテネシー州での新設に23億ドル、ミシガン州での新設に26億ドルを投資したほか、韓国のサムスンSDIとアメリカ国内での新設に30億ドル以上を共同出資する計画を発表している。
[86] ソーラーパネル、風力発電所、バッテリー、電気自動車の製造に係る国内サプライチェーンの強化が盛り込まれており、バッテリーサプライチェーンを強化するために70億ドル以上の措置を指示している。本法の概要は内閣府（2022a）を参照。

第1-2-7図　電気自動車のシェアとバッテリー輸入金額の推移

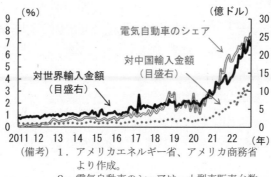

（備考）　1．アメリカエネルギー省、アメリカ商務省
　　　　　　より作成。
　　　　　2．電気自動車のシェアは、小型車販売台数
　　　　　　に占める電気自動車とプラグインハイブ
　　　　　　リッド車のシェア。
　　　　　3．輸入金額は通関ベース、名目原数値。

　また、バッテリー同様に半導体においても、2021年2月の「アメリカのサプライチェーンに関する大統領令[87]」を受けて法整備が進められ、2022年8月に「CHIPS及び科学法」が成立した[88]。同法の背景には、アメリカは半導体を発明したが、現在では世界の供給量の約10％、先端半導体においては皆無に等しい量しか生産しておらず、その代わり世界の生産量の75％を東アジアに依存しているという問題意識がある。そして、CHIPS及び科学法は、生産コストの低下や雇用創出、サプライチェーンの強化及び中国への対抗のために、アメリカの半導体の研究、開発、製造、人材育成に527億ドルを支出するほか、半導体及び関連機器の製造に必要な資本費用に対して25％の投資税額控除を提供するとしている（第1-2-8表）。

第1-2-8表　「CHIPS及び科学法」に基づく
アメリカ国内での半導体製造等に対する助成金

助成金額	用途
390億ドル	半導体の製造、試験、先端パッケージング、研究開発のための国内施設・装置の建設、拡張または現代化
110億ドル	商務省管轄の半導体関連の研究開発プログラム
27億ドル	労働力開発や国際的な半導体サプライチェーン強化の取組、国防総省主導の半導体関連事業者等のネットワーキング事業

（備考）内閣府（2023）より作成。

　以上のように、米中貿易摩擦は現代において特に重要な製品であるバッテリーや半導

---

[87] パンデミックやサイバー攻撃、気候変動等に対応するために国内の生産能力を活性化・再建し、研究開発力を維持し、高賃金の雇用を創出するために、重要品目（半導体関連、電気自動車用バッテリー、レアアース、医薬品等）のサプライチェーンの見直しを各所管省庁に命じたもの。
[88] 詳細は内閣府（2023）を参照。

体の対外依存の低下と自立をめぐる対立である。バッテリーや半導体の安定供給は、自動車産業を始め、多くの産業にとって欠かせない要件であることから、供給制約が生じた場合の経済への影響は大きく、今後も動向を注視していく必要がある。

（2）自動車販売の動向
（自動車販売台数は持ち直しの動き）

　アメリカの自動車関連支出は個人消費支出額の4％程度、耐久消費財支出の4分の1程度を占めており、個人消費を分析する上では重要な要素である。自動車販売台数の動向をみると、2023年に入ってからは持ち直しの動きが続いている。自動車販売台数は変動が激しいため、基調（トレンド）を確認するために、ホドリック＝プレスコット分解（HP分解）により平滑化してみる[89]。リーマンショック前後の期間を除くと、2000年代前半や2010年代後半は年率換算でおおむね1,700万台程度をトレンドとして推移している。現在のトレンドはおおむね1,500万台前後で推移しており、感染症拡大前からトレンドは低下している（第1-2-9図）。一方で、2022年後半以降の自動車販売台数の実数は、HP分解で推計した現在のトレンドを上回って推移しており、感染症拡大前への回帰を示している。本稿では、このような状況の中、自動車ローン金利や、供給制約の問題が自動車市場にどのように影響を与えたのかを分析していく。

第1-2-9図　自動車販売台数のトレンド推計

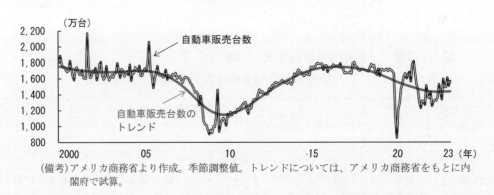

（備考）アメリカ商務省より作成。季節調整値。トレンドについては、アメリカ商務省をもとに内閣府で試算。

（販売台数は価格や失業率に対して感応的だが、所得や金利に対しては非感応的）

　まず、自動車ローン金利が自動車販売台数に与える影響について考察する。2022年3月以降、政策金利が急速に引き上げられる中で、自動車ローン金利も2009年以来の水準

---

[89] Hodrick and Prescott が提案したフィルター（HPフィルター）を用いて基調的変動成分を抽出した。「基調的変動成分」とは、景気循環に相当する変動成分と長期的トレンド成分を合わせたものであり、通常、原系列から季節変動や短周期の不規則な変動、測定誤差を除いた成分で、経済の基調的ないし趨勢的な動きを示す。

まで急上昇した。金利の上昇は購入コストの増加につながることから、一般的には需要を減らす効果がある。しかしながら、自動車販売台数と実質自動車ローン金利の関係を長期的にみると、過去に高金利で推移していた時期についても、自動車販売台数は1,700万台前後で安定的に推移している（第1-2-10図）。

　そこで、自動車販売台数の需要関数を推計し、一人当たり実質可処分所得や実質自動車ローン金利、自動車価格、失業率の説明力を定量的に確認すると[90]、自動車価格や失業率の上昇に対して自動車販売台数の伸び率は低下する傾向がみられた。一方、所得や金利のパラメータ推定値については、統計的に有意ではないことから、アメリカの自動車販売台数に対する自動車ローン金利の影響は大きくないと考えられる。

第1-2-10図　自動車ローン金利と自動車販売台数

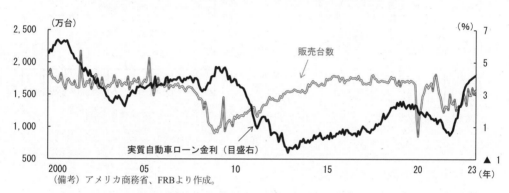

（備考）アメリカ商務省、FRBより作成。

（最近の販売台数増加は供給制約の緩和によるもの）

　続いて、供給制約が自動車販売台数に与えた影響について考察していく。2021年以降は、世界的な車載用半導体の供給不足に陥り、自動車の生産に多大な影響を与えた。自動車生産の停滞は自動車在庫を減少（販売店における店頭ラインナップを減少）させ、自動車販売台数を減少させる要因になる。

　ここで供給制約と自動車生産台数の関係をみるために、供給制約の程度を測る指標としてISM製造業景況感の入荷遅延を用いる（第1-2-11図）。本指標は販売（需要）に比べて入荷（供給）がどの程度対応しているかを測る指標であり、本指標の低下は需要に生産が追い付いていないこと、すなわち供給側に何らかの制約があることを含意する。

---

[90] 推計期間は2000年1月〜2023年5月。推計式は$V_t = \beta_1 V_{t-1} + \beta_2 I_t + \beta_3 R_t + \beta_4 P_t + \beta_5 U_t + \varepsilon_t$。Vは自動車販売台数の3か月平均の前月比伸び率。Iは一人当たり実質可処分所得の3か月平均の前月比伸び率。Rは実質自動車ローン金利の3か月平均の前月差。実質自動車ローン金利は60か月物自動車ローン金利と5年物期待インフレ率の差。Pは自動車価格の3か月平均の前月比伸び率。Uは失業率の3か月平均の前月比伸び率。$\beta_1, \beta_2, \beta_3, \beta_4, \beta_5$はパラメータ。$\varepsilon$は誤差項。決定係数は0.33。推計の詳細については付注1−2を参照。

2021年からの両者の推移をみると、入荷遅延の低下（入荷の待ち時間増）にやや遅れて自動車生産台数も連動して減少している。一方で2022年後半からは入荷遅延が改善傾向となり、自動車生産台数も回復し始め、緩やかながら、自動車在庫も持ち直しの動きがみられている[91]（第1-2-12図）。

　このように、2021年以降の自動車販売台数については、需要に見合った供給量の確保がより重要な決定要因であると考えられる。

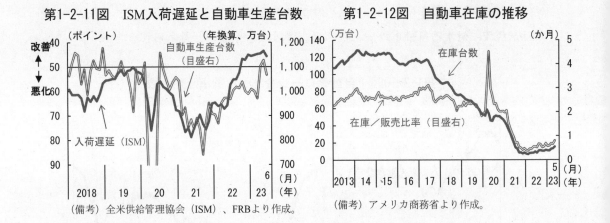

第1-2-11図　ISM入荷遅延と自動車生産台数

（備考）全米供給管理協会（ISM）、FRBより作成。

第1-2-12図　自動車在庫の推移

（備考）アメリカ商務省より作成。

（3）住宅着工の動向とMBS債
（住宅着工はおおむね横ばいとなり、需要には底堅さがみられる）

　住宅投資は金融引締めの影響を特に受けやすいことから、現下の景気動向を分析する上では重要な需要項目である。これまでの動向を振り返ると、感染症拡大に伴う郊外の住宅需要の高まりや低金利を受けて住宅購入者が増加したことから、住宅着工件数は増勢が続いてきたが、2022年以降は政策金利の引上げに伴い住宅ローン金利が上昇したことから、住宅着工は減少傾向にあった（第1-2-13図）[92]。しかしながら、金融引締めの進展下でも住宅市場の景況感は2023年に入って上昇するとともに（第1-2-14図）、住宅ローン金利が高止まりする中でも住宅着工件数は2023年になりおおむね横ばいで推移しており、住宅需要には底堅さがみられている[93]。

[91] 全米ディーラー協会が2023年4月に公表した見通しでは「2023年は半導体を克服するメーカーが増えることで、自動車供給量が増加し、売上も引き続き改善する」としており、2023年の年間の販売台数は1460万台になると予想している（Manzi (2023)）。
[92] アメリカでは住宅ローン債務残高の約99%は固定金利（主に30年固定）となっており、金利上昇に伴う既存の借り手の利払い負担増は限定的である。詳細は内閣府（2023）を参照。
[93] 全米住宅建設業者協会が住宅建設業者へ調査している景況感指数は2023年6月まで6か月連続で上昇しており、同協会は「建設業者のセンチメントが年初から徐々に上昇を続けており、一戸建て住宅建設が底打ちしつつある」と報告していることから、住宅市場は回復に転じる可能性がある（NAHB (2023)）。

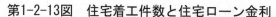

第1-2-13図　住宅着工件数と住宅ローン金利　　　第1-2-14図　住宅市場指数

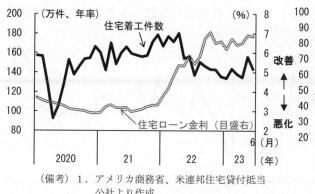

(備考) 1．アメリカ商務省、米連邦住宅貸付抵当
　　　　　公社より作成。
　　　　2．住宅ローン金利は30年物固定金利
　　　　　の各月平均。

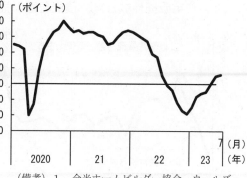

(備考) 1．全米ホームビルダー協会、ウェルズ・
　　　　　ファーゴより作成。
　　　　2．住宅建設業者に対しての調査をもとに
　　　　　算出される住宅市場の景況感指数。50
　　　　　を境界として、住宅市場の改善、悪化
　　　　　を示唆する。

（住宅販売増や価格上昇、借り換え需要によりMBS債発行は増加）

　また、住宅市場の動向を金融面からみると、2020〜2021年にかけてMBS債の発行が大きく増加した（第1-2-15（1）図）。MBS債とは住宅ローン債権担保証券のことであり、低リスク資産として多くの金融機関で保有されている。感染症拡大以降、MBS債の発行が増加した理由としては以下の3点が考えられる。

　1点目として、同時期に住宅販売件数が増加したことが挙げられる。

　2点目として、住宅価格の上昇に伴い住宅販売件数一件当たりのMBS債発行額が増加したことが挙げられる。2000〜2020年は住宅販売件数一件当たりのMBS債発行額はおおむね30万〜40万ドル程度であったが、住宅価格が高騰した2020年、2021年は60万ドル以上に増加している（第1-2-15（2）図）。

　3点目として、低金利下で住宅ローンの借り換えが増えたことが挙げられる（第1-2-16図）。アメリカでは、できるだけ長期で元利金償還を一定額に固定し、長期金利が低下した際には借り換えを行う傾向が強い[94]ことから、金利が低下すると借り換え需要が高まる傾向がある。

　こうしたことからMBS債の発行額は増えたものの、2022年の発行額は感染症拡大前の水準まで減少している。なお、2023年は住宅着工がおおむね横ばいとなったこともあり、MBS債の発行額は下げ止まる可能性がある。

---

[94] 詳細は内閣府（2023）を参照。

第1-2-15図　住宅販売件数とMBS債発行額

（1）住宅販売件数とMBS債発行額の推移　　（2）住宅販売件数一件当たりMBS債発行額

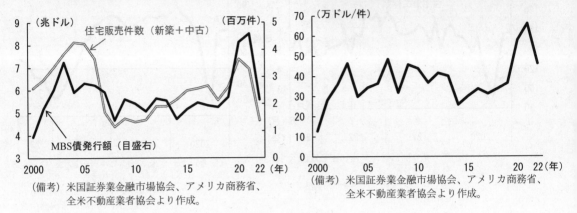

（備考）米国証券業金融市場協会、アメリカ商務省、
　　　　全米不動産業者協会より作成。

（備考）米国証券業金融市場協会、アメリカ商務省、
　　　　全米不動産業者協会より作成。

第1-2-16図　借り換えによる住宅ローン組成と金利

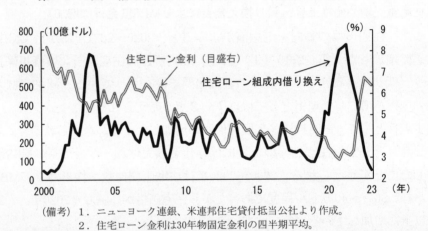

（備考）　1．ニューヨーク連銀、米連邦住宅貸付抵当公社より作成。
　　　　　2．住宅ローン金利は30年物固定金利の四半期平均。

（MBS 債は FRB と商業銀行が主に保有）

　発行額が増加したMBS債の主な保有者は、FRBと預金取扱金融機関、特に商業銀行で
あった（第1-2-17図）。FRBの保有割合は量的緩和政策（QE）とともに上昇したこと
から、2022年６月以降は低下に転じている。また、商業銀行の保有割合は、米国債より
も高い利回りを期待できることから上昇したが、政策金利の引上げに伴って含み損の発
生リスクが高まったことから売却が進み、このところ低下している。なお、2023年３月
から５月にかけて破綻した銀行のうち、特にSVBでは、資産の中にMBS債が多く含ま
れており、金利リスクの管理が適切に行われず、金利上昇に伴い含み損が拡大したこと
も破綻の一因となった。

　このように、金融緩和及び引締めは、住宅市場を通じて金融機関の財務状況にも影響

を及ぼす。今般のSVB破綻の影響は限定的であったものの、金融機関の規模によっては経済全体にも影響が波及する可能性がある。

第1-2-17図　MBS債発行残高の保有者別割合

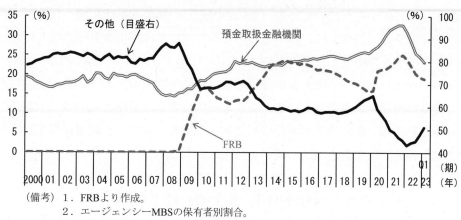

（備考）1．FRBより作成。
　　　　2．エージェンシーMBSの保有者別割合。
　　　　3．その他には海外投資家、MMF等が含まれる。

（4）労働市場の動向
（雇用者数は増加傾向が続いているが、業種によって違いが生じている）

　労働市場の動向は金融政策上の主要な論点である。感染症拡大に伴い、雇用者数は2020年４月にかけて大きく落ち込んだものの、それ以降は堅調な回復を続けており、2022年６月には感染症拡大前の水準を回復した。さらに、急速な金融引締めが進展する中においても、雇用者数は増加を続けている（第1-2-18図）。

第1-2-18図　非農業部門雇用者数

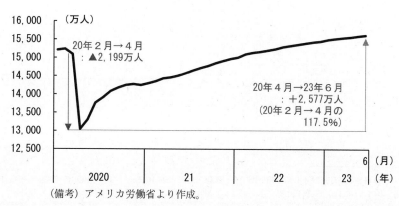

（備考）アメリカ労働省より作成。

しかし、雇用の強さの中にも、一部業種においては増加に足踏みがみられるなど、変化の兆しが現れてきている。まず、2022年12月には情報サービスの雇用が減少に転じ、金融等の業種でも頭打ちになっている（第1-2-19図）。特に情報サービスについては、2022年秋以降、米大手IT企業を中心に大規模なレイオフが進行しており、その動きは2023年に入ってからも続いている（第1-2-20表）。感染症拡大以降、IT分野への需要が急速に拡大した同業種では、需要の頭打ち等によって雇用に余剰感が生じていることがレイオフの主な理由として考えられている[95]。

その一方、レジャー・接客業の雇用者数は感染症拡大前の水準に戻っておらず、依然として高い増加率がみられている。レジャー・接客業は雇用者数全体の1割以上を占めていることから、雇用者数全体の増加に対する寄与は大きく、同業種が完全に充足するまでは全体の雇用者数も増加し続ける可能性がある。

第1-2-19図　業種別雇用者数の推移

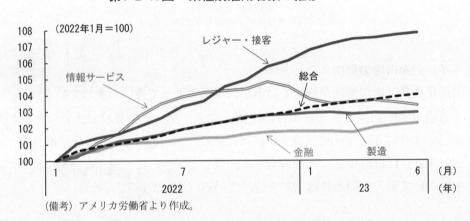

（備考）アメリカ労働省より作成。

---

[95] 2023年1月4日に従業員の約10%を解雇すると発表したセールスフォースのCEOは、従業員宛書簡で「コロナ禍において雇用を増やしすぎた。責任は私にある。」と説明。同年1月20日に従業員の6%相当のレイオフを発表したアルファベットのCEOは従業員宛文書で「過去2年間にわたる劇的な成長の中、現在とは異なる経済状況の下で採用を進めてきた」としている。

第1-2-20表　米大手企業におけるレイオフの動向

業種	企業名	発表時期	主な内容
情報	アルファベット	2023年1月	約12,000人の雇用削減予定。同社にとって過去最大規模。
	アマゾン	2023年3月	クラウドコンピューティングや広告事業を含む部門全体で9,000人の雇用削減を発表。同年1月にも18,000人以上の解雇を発表。
専門サービス	アクセンチュア	2023年3月	従業員の2.5％にあたる19,000人の雇用を削減すると発表。
金融	ブラックロック	2023年1月	従業員の3％にあたる500人をレイオフすると発表。
	ゴールドマンサックス	2023年1月	3,200人の人員削減を計画。
物流	フェデックス	2023年2月	2022年6月以来、既に12,000人の人員削減をしているが、現在も人員削減を進めている。
派遣	インディード	2023年3月	全従業員の約15％に相当する2,200人程度を解雇する見込みであると発表。
製造	ボーイング	2023年2月	主に財務と人事の分野で2,000人の雇用を削減すると発表。一方、エンジニア等の専門職は増員予定。
	ダウ	2023年1月	全世界で約2,000人の従業員を解雇すると発表。

（備考）各種報道より作成。

（低賃金の業種では賃金上昇率は高いものの、賃金水準には大きな差が残る）

　次に、賃金動向をみると、全体の賃金上昇率は高水準で推移する中、高賃金業種（第1-2-22表で上位に分類されている業種）の賃金上昇率が比較的低く、前述のレジャーのような低賃金業種（第1-2-22表で下位に分類されている業種）の賃金上昇率が高いという傾向がみられる。例えば、2020年2月から2023年6月までの賃金上昇率が11％である情報サービスに対し、同期間に、レジャー・接客業は25％伸びている。しかし、当初の水準差が大きいことから、2023年6月の時間当たり賃金には2倍以上の差がある。こうした相対的な低賃金が、レジャー・接客業の労働需要が超過する要因になっているとも考えられる（第1-2-21図、第1-2-22表）。

　このように、アメリカの雇用情勢は依然として強さを保っているものの、変化が生じ始めていることに留意する必要がある。

第1-2-21図　業種別賃金指数

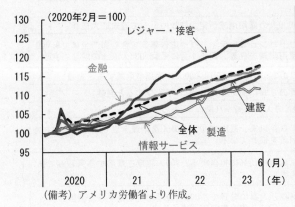

（備考）アメリカ労働省より作成。

第1-2-22表　業種別賃金ランキング（実額）

	業種	時間当たり賃金（米ドル/時間）
上位	公益	49.6
	情報サービス	47.8
	金融	43.3
	専門サービス	40.4
中位	鉱業・掘削業	38.1
	卸売	36.9
	建設業	36.3
	教育・医療	32.9
	製造業	32.4
下位	その他サービス	29.8
	輸送・倉庫	29.1
	小売	23.9
	レジャー・接客	21.2

（備考）アメリカ労働省より作成。2023年6月のデータ。

Box. アメリカの転職者の賃金動向と労働需給

　アメリカでは転職者の方が継続就業者よりも賃金上昇率が高くなる傾向があり、特に2022年以降は過去と比べて両者の差がより開いていることが確認できる（図１）。これは転職者に対してより高い賃金を企業側が提示しているためであるが、その背景としては労働需給のひっ迫が考えられる。そこで労働需給の動向をみてみると、過去に労働需給がひっ迫していた時期は転職者と継続就業者の賃金上昇率の差がより開いており、緩和している時期は両者の差が縮小しているようにみえる（図２）[96]。

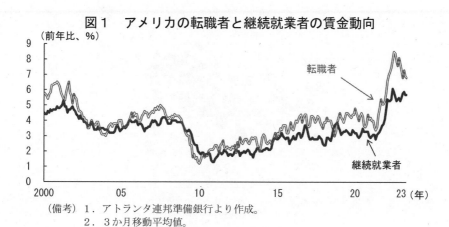

図１　アメリカの転職者と継続就業者の賃金動向

（備考）１．アトランタ連邦準備銀行より作成。
　　　　２．３か月移動平均値。

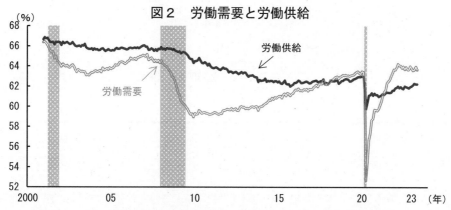

図２　労働需要と労働供給

（備考）１．アメリ労働省雇用統計（家計調査）及び"JOLTSサーベイ"より、Bernstein（2022）を参考に作成。労働供給は（労働力人口−農業人口）／（16歳以上の全人口−農業人口）、労働需要は（雇用者数＋求人数）／（16歳以上の全人口−農業人口）でそれぞれ定義されている。雇用者数は農業を除く。
　　　　２．季節調整値。
　　　　３．シャドー部分は景気後退期。

---

[96] 労働需給の長期的な動向については内閣府（2023）を参照。

そこで、賃金ギャップ（ここでは転職者と継続就業者の賃金上昇率の差）を被説明変数、労働需給ギャップ（ここでは労働需要と労働供給の差、プラスが需要超過）の１期ラグを説明変数としてOLS推計[97]を行うと、労働需給ギャップが１％拡大すると賃金ギャップが0.21％拡大する傾向が示される（図３）。すなわち、アメリカでは労働需給のひっ迫が転職者の賃金を更に引き上げていると考えられる。

図３　賃金ギャップと労働需給ギャップ（１期ラグ）の関係

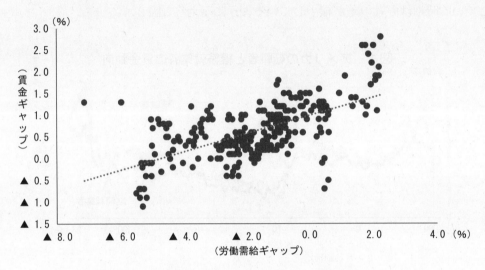

（備考）１．アメリカ労働省、アトランタ連邦準備銀行より作成。
　　　　２．推計期間は2000年12月〜2023年４月。
　　　　３．推計式は$W_t = C + \beta_1 L_{t-1} + \varepsilon_t$
　　　　４．Wは転職者の賃金上昇率（前年比）と継続就業者の賃金上昇率（前年比）の差。Lは労働需要（％）と労働供給（％）の差。労働需要は（雇用者数＋求人数）／（16歳以上の全人口-農業人口）、労働供給は（労働力人口-農業人口）／（16歳以上の全人口-農業人口）でそれぞれ定義される。C, β_1はパラメータ。εは誤差項。
　　　　５．決定係数は0.39。

---

[97] 推計の詳細については付注１−３を参照。

コラム６　アメリカ連邦政府の債務上限問題

　アメリカでは、連邦債務残高の上限額は法定となっている。債務残高が法定上限に達した場合、国債の新規発行が不可となり、過去の債務の元利払いのための資金が調達できないことから、債務不履行（デフォルト）となる可能性がある。法定上限に達した場合は、上限引上げの法改正（または、債務上限の一時適用停止）を行う必要があるが、議会が上下院で多数派の党派が異なる「ねじれ議会」である場合は、この法改正が難航することがある。

　最近の例を振り返ろう。2023年１月19日に債務残高が法定上限（約31兆4,000億ドル）に到達し、その後は特別措置によって手元資金を確保してきた。５月３日に大統領経済諮問委員会（CEA）がデフォルトに陥った場合の見通しを公表し、５月12日には議会予算局（CBO）が６月第１〜２週に債務履行が不可能となる見通し[98]を公表した。こうした中、６月前半に満期を迎える短期国債（１か月債）の利回りが急上昇するなど金融市場に不安定な動きがみられた（図１、図２）。

図１　債務上限と債務残高の推移

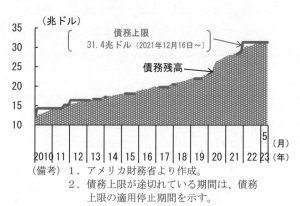

（備考）　１．アメリカ財務省より作成。
　　　　　２．債務上限が途切れている期間は、債務
　　　　　　　上限の適用停止期間を示す。

図２　国債利回りの推移
（10年債・１か月債）

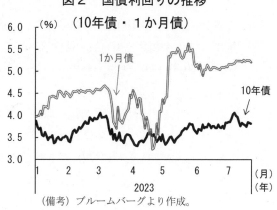

（備考）ブルームバーグより作成。

　５月に入って以降も、野党（共和党）が大幅な歳出削減を求める中で、与党（民主党）がそれを受け入れず、対立は長期化していた。野党の主な要求内容は、連邦政府の歳出を４兆5,000億ドル削減し、伸び率を今後10年間は毎年１％に抑制するものであり、結果としてインフレ抑制法に基づく各種施策を廃止に導く内容であったことも[99]、与野党

---

[98] CBOの見通しによると、税金納付日である６月15日までのキャッシュフローの確保が論点となっていた。５月から６月前半にかけて財務省が利用できる現金及び特別措置は総額約3,600億ドル（CBO試算）であるとし、同期間に生ずる資金需要は2,750〜4,000億ドル（CBO試算）に達することから、財務省の利用可能額を上回る可能性があるため、６月第１〜２週に債務不履行に陥るリスクがあると予想していた（CBO (2023a)）。
[99] 下院（野党が多数派）では、４月26日に連邦債務上限を引き上げ、連邦政府の支出を削減する債務上限引上げ法案

の対立が長期化する原因となった。5月下旬でも与野党での合意には至らず、徐々に金融市場において不安が広がっていたが、5月27日に基本合意に達すると、国債利回りが低下するなど、市場でもストレスの緩和がみられた。5月31日には新たに提出された財政責任法案（Fiscal Responsibility Act of 2023）が下院を通過し、6月1日には上院で可決され、2023年の債務上限問題は収束した。

　同法では、2025年1月1日までの間、債務上限を適用停止としている。また、野党が求めていた歳出削減については、2024年度と2025年度における裁量的支出の上限を新たに設定している。その他、歳出削減に関する主な内容は以下のとおりとなっている。
・新型コロナウイルス対策で措置された予算のうち未消化分の取消
・内国歳入庁の体制整備に係る予算のうち未消化分の取消
・SNAP（低所得者向けの食料援助）の就労要件の拡大
・TANF（貧困家庭向け支援策）の就労要件の拡大
　このように野党側の要求が一定程度受け入れられた一方で、野党側の主な削減対象となっていたメディケイド（低所得者向け医療費支援策）等については、今回の合意では変更されておらず、全体の予算規模もおおむね同程度で維持されている。

　議会予算局（CBO）の試算では、同法により裁量的支出が2年間（2024年度、2025年度）で2,482億ドル（約33兆円）抑制されるとしているが、同期間の裁量的支出の総額は約3.9兆ドル（約520兆円）と見込まれており、歳出抑制効果は対裁量的支出比で約6%にとどまる見込みである[100]。

　なお、今般の債務上限問題が収束して約2か月後の8月1日に、格付け会社大手のフィッチ・レーティングスは、アメリカの長期外貨建て債務格付けを、最上級であるAAAからAA＋へと一段階引き下げると発表した。同社は今回の引下げ理由は、（i）債務上限問題にも現れているアメリカ政府のガバナンスの低下、（ii）悪化が見込まれる財政収支、（iii）高水準かつ増加が続いている政府債務残高、の3点と説明している。これに対し、イエレン米財務長官は同日中に「古いデータを用いた恣意的な格下げである」、「データは改善を続けている」等、今回の格下げに反論する旨の声明を発表した。しかしながら、2011年以来約12年ぶりとなる格下げが行われたことで、6月に成立した財政責任法の執行を含めて、今後、アメリカ政府のガバナンスや財政状況についての金融資本市場からの評価がより厳しくなることも考えられる。

を可決していた。同法案は与党にとって受け入れられるものではなく、上院（与党が多数派）では可決されなかった。
[100] 2023～2033年度における歳出抑制効果は約1.3兆ドル（約173兆円）となるが、同期間の裁量的支出の総額は約23兆ドル（約3,000兆円）と見込まれており、財政赤字削減効果も対裁量的支出比で約6%にとどまる見込みである（CBO（2023b））。

2. 中国：地方財政

　中国では、地方政府の財政悪化が大きな懸念事項となっており、現行の第14次五か年計画（2021～2025年）では、「地方政府の隠れ債務を穏当に解決する」と五か年計画において「隠れ債務」が初めて言及された。また、2023年の政府活動報告においても「地方政府の債務リスクの防止・解消」が同年の重要政策方針として挙げられている。

　本項では、中国の地方政府の債務状況について、不動産市場の停滞との密接な関連を確認しつつ整理する。

（政府の財政収入は感染症再拡大と不動産市場停滞により減少）

　中国政府の財政収入は、感染症拡大等により2020年及び2022年は減少した（第1-2-23図（1））。2020年には、感染症拡大による経済の停滞、また政策対応として大規模減税（1章1節4項参照）を行ったことにより、税収等が減少したことが主因であった。2022年は、感染症再拡大を経ながらも税収等は前年比横ばい程度となっていたが、土地使用権譲渡収入[101]が大幅な減少に転じたために、財政収入全体も前年を下回る結果となった。従来、土地使用権譲渡収入はほぼ一貫して増加しており、2021年には特別会計の収入の89%相当に達していた。2022年に不動産市場の停滞を受けて土地使用権譲渡収入が減少すると、財政収入全体が大きな影響を受けることとなった。

　なお、2020年以降、財政収入が伸び悩む一方で、社会保険基金支出等を中心として、財政支出は増加を続けている（第1-2-23図（2））。

第1-2-23図　中国政府の財政（全国）

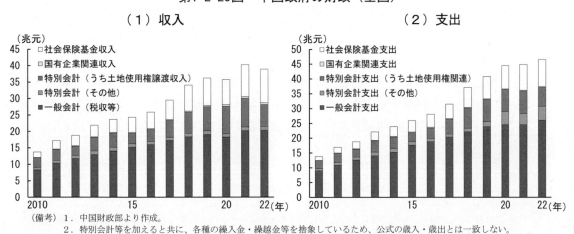

（1）収入　　　　　　　　　　　　（2）支出

（備考）1．中国財政部より作成。
　　　　2．特別会計等を加えると共に、各種の繰入金・繰越金等を捨象しているため、公式の歳入・歳出とは一致しない。

---

[101] 国有地の有償使用権の売却から得られる収入。

（地方政府が大きく依存する土地使用権譲渡収入は 2023 年上半期も減少が継続）

　土地使用権譲渡収入は、2022年は不動産市場の停滞を受けて前年比▲23.2％もの大幅な減少となった（第1-2-24図）。2022年11月より相次いで実施された不動産市場支援策[102]を受けて、2023年１－３月には住宅価格や不動産販売面積等に持ち直しがみられていたが、感染症拡大下で蓄積されていた繰越需要の発現が一巡すると、不動産市場は改めて軟調な動きとなった（第１章１節４項参照）。土地成約（面積・価格）の停滞が続く中、土地使用権譲渡収入は2023年に入っても前年比二桁の減少が続いており（１－６月累計で前年比▲20.9％）、地方政府の財政収入に大きな下押し圧力となっている。

第1-2-24図　土地使用権譲渡収入の減少

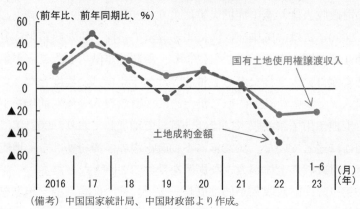

（備考）中国国家統計局、中国財政部より作成。

　中国政府の財政収入について、中央と地方を分けてみると、中央政府は税収等が全体の９割以上を占めるのに対し、地方政府は税収等の比率が低く、国からの移転と土地使用権譲渡収入に大きく依存している（第1-2-25図）。また、社会保険基金収入は地方政府に集中しているが、これは社会保障財源として義務的支出に充てられる（第1-2-26図）。景気対策等の実施は地方政府が主体的に取り組む必要があるものの、税収等が乏しい中で慢性的な財源不足となっている[103]。近年、中央政府は地方への移転支出を増やしているものの、土地使用権譲渡収入が回復しない場合、地方政府にとって厳しい状況が続くこととなる。

---

[102] 内閣府（2023）参照。
[103] 曹（2019）は、1994年の分税制改革で成立した地方税体系は中央との共有税の名目が多く、地方独立税のウェイトが小さいと指摘している（2016年の税源配分は中央：地方＝50.4：49.6）。

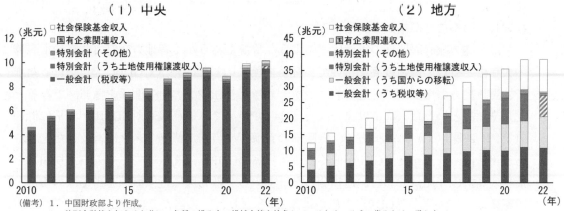

第1-2-25図　中国政府の財政収入（中央・地方）

（1）中央

（兆元）
□社会保険基金収入
□国有企業関連収入
■特別会計（その他）
■特別会計（うち土地使用権譲渡収入）
■一般会計（税収等）

（2）地方

（兆元）
□社会保険基金収入
□国有企業関連収入
■特別会計（その他）
■特別会計（うち土地使用権譲渡収入）
□一般会計（うち国からの移転）
■一般会計（うち税収等）

（備考）1．中国財政部より作成。
　　　　2．特別会計等を加えると共に、各種の繰入金・繰越金等を捨象しているため、公式の歳入とは一致しない。
　　　　3．全国（中央＋地方）の値は、各種の繰入・移転等の相殺が行われるため、中央と地方の歳入の単純合計値とは一致しない。
　　　　4．22年の土地使用権譲渡収入は中央・地方の内訳が未発表のため、総額を21年のウェイトで按分した推計値。

第1-2-26図　中国政府の財政支出（中央・地方）

（1）中央

（2）地方

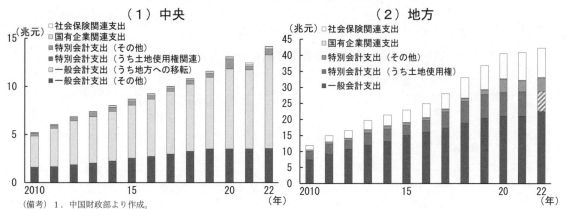

（兆元）
□社会保険関連支出
□国有企業関連支出
■特別会計支出（その他）
■特別会計支出（うち土地使用権関連）
□一般会計支出（うち地方への移転）
■一般会計支出（その他）

（兆元）
□社会保険関連支出
□国有企業関連支出
■特別会計支出（その他）
■特別会計支出（うち土地使用権）
■一般会計支出

（備考）1．中国財政部より作成。
　　　　2．特別会計等を加えると共に、各種の繰入金・繰越金等を捨象しているため、公式の歳出とは一致しない。
　　　　3．また全国（中央＋地方）の値は、各種の繰入・移転等の相殺が行われるため、中央と地方の歳出の単純合計値とは一致しない。
　　　　4．22年の土地使用権譲渡支出は中央・地方の内訳が未発表のため、総額を21年のウェイトで按分した推計値。

（地方政府の債務残高は内陸部の省で上昇）

　税収や土地使用権譲渡収入が停滞する中で、地方政府の債務を取り巻く環境は悪化が続いており、一部ではデフォルト（債務不履行）が懸念されている。報道によれば、内陸部に位置する貴州省貴陽市の財政局は、2023年5月に公表した年次報告において、「債務削減のための技術的手段は既に使い果たしており」「一部の地方は債務金額が比較的大きく、償還資金を確保できなければ、債務リスクがいつでも発生し得る」等と表

明した[104]。貴州省等の内陸部では、貿易や各種産業の集積を通じて発展が進む沿海部に比べて成長産業に乏しく、人口流出も進む中で税収が停滞し、債務問題の面でも格差が拡大していることが指摘されている[105]。

　では、地方政府の債務の実態はどのような状況だろうか。各地方政府（北京や上海等の大都市と省）の債務残高について、経済規模に応じた調整（対GDP比[106]）を行った上で、当該地方の発展段階を近似的に表す一人当たりGDPとの対応関係を散布図でみると、北京や上海といった大都市は、一人当たりGDPが高く、債務残高対GDP比が非常に低い（第1-2-27図（1））。一方で、内陸部の青海省や当局が債務リスクに言及したとされる貴州省は、一人当たりGDPが低く、債務残高対GDP比は高水準で、一人当たりGDPと債務残高対GDP比はおおむね逆相関となっている。散布図に近似直線を当てはめると、説明変数（一人当たりGDP）の係数は▲2.0となり、一人当たりGDPが1万元（約20万円相当）低い地方では、債務残高の対GDP比が約2ポイント高い傾向があることを示している。加えて、散布図に近似曲線を当てはめると、原点に対して凸型の曲線となる。これは、一人当たりGDPが小さくなるほど、債務残高の対GDP比が更に高まる傾向を示している[107]（第1-2-27図（2））。

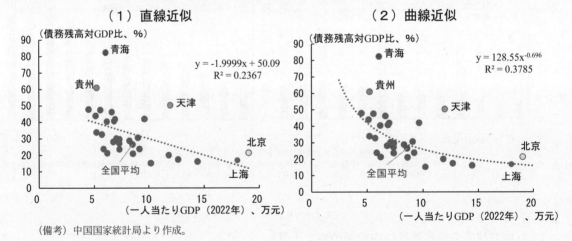

第1-2-27図　各地方の債務残高と一人当たりGDP（2022年）

（1）直線近似　　　　　　　　　　　　（2）曲線近似

（備考）中国国家統計局より作成。

---

[104] 当該報告書は2023年5月16日に公表され、一部で報道された後に削除されており、改めての公表は行われていない（同年6月7日時点）。
[105] 梶谷（2018）は、中国の債務問題格差の観点からの「中国のユーロ圏化」「内陸部は中国のギリシャ」といった形容を紹介している。
[106] 地方GDPは正式にはGRP（Gross Regional Product）と表記されるが、本稿では便宜的にGDPで統一する。
[107] 例えば、近似曲線の接線の傾きが、近似直線の傾き（▲2.0）と同じとなる一人当たりGDPは9.4万元（債務残高対GDP比は27%）となる。これを基準点とすると、比較点として一人当たりGDPが5万元の場合は、債務残高対GDP比は42%と基準点に比べ15%ポイント高い関係が平均的にみられ、その上昇幅は近似直線が示唆する上昇幅（▲2.0×▲4.4＝8.8%ポイント）よりも大きい。また比較点の接線の傾きは▲5.8と基準点よりも急であり、一人当たりGDPが低い地域ほど、債務残高対GDP比が更に高まる可能性があることが示唆される。

（地方政府には隠れ債務が存在）

　以上では、各地方政府発表の公式な債務残高のデータを用いた。しかしながら、地方政府の債務については、公式統計ではカウントされていない部分（いわゆる「隠れ債務」）のリスクが高まっていることが指摘されている。

　IMFは、Jin and Rial (2016) の手法を用いて、地方政府が特別目的会社（「地方融資平台」）を活用し、簿外（オフバランス）で資金調達を行い都市インフラ開発プロジェクト等を進めている状況を整理した。また累次の対中４条協議報告書[108]や世界金融安定報告書（Global Financial Stability Report[109]）において、地方融資平台を活用した「隠れ債務」の推計値を示しつつ、債務リスクに警鐘を鳴らしている。2023年２月時点の推計値をみると、地方融資平台の債務の推計値は対GDP比で44％になり（第1-2-28図）、中央・地方政府の公式債務を合わせた値（47％）とほぼ同規模に達している。また政府系ファンドも合わせた債務残高の対GDP比は101％となっており、今後も増加していくと見通している。

第1-2-28図　中国の政府債務残高

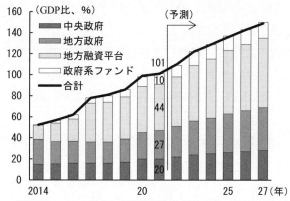

（備考）　1．IMF対中４条協議報告書（2023年２月、2019年８月）より作成。
　　　　　2．地方融資平台、政府系ファンドの債務はIMFの推計値。

（隠れ債務への対応が重要な課題）

　地方政府が財源不足の中、「地方融資平台」を活用して資金を調達してインフラプロジェクトを進めるプロセスの概要は、以下のように整理される[110][111]。

---

[108] IMF (2019)、IMF (2023c).
[109] IMF (2021)、IMF (2023b).
[110] Jin and Rial (2016)、梶谷（2011、2018）、佐野（2021）等を基に作成。
[111] このほか、インフラ投資の財源としては「地方専項債」というプロジェクト債券の発行枠が中央政府から割り振られる。ただし、収益性があるプロジェクトに限られる（同収益によって償還することを条件に財政赤字に計上されない）等の厳しい条件があることから、地方融資平台による資金調達は各地で続いている。

(1) 地方政府は、特別目的会社としての「地方融資平台」（「○○建設集団」等）に、都市開発（インフラ整備、宅地開発等）事業を発注し、土地使用権や国有エネルギー会社の株式等の資産を払下げ。

(2) 地方融資平台は、金融機関からの融資や都市投資債券の発行により資金を調達。その際、地方政府からの資産や「暗黙の保証」が機能。

(3) 地方融資平台は、調達した資金を元に工事を発注（住宅は不動産業者、その他工事は建設企業）。完成後、プロジェクトの売却益（土地の値上がり益）から、融資への返済、都市投資債券への償還を実行。

　上記プロセス(3)において、都市開発や住宅販売が順調な時期には返済も順調であったが、人口動態の転換点や都市化の天井を迎えつつある中で、「地方融資平台」の資金繰りが悪化している。2020年以降は感染症拡大期の経済停滞、特に2022年には不動産市場の悪化が重なることで、以下のような逆回転が生じることとなる。すなわち住宅販売や土地の値上がりを前提としたビジネスモデルが立ち行かなくなり、これを前提とした地方政府の政策プロセスにも不透明感が広がっている。

(3') 建設企業、不動産企業の工事が停滞。地方融資平台はプロジェクトの売却益（土地の値上がり益）が減少。

(2') 地方融資平台の財務体質が悪化。都市投資債券の格付け低下、利回り上昇（利払い負担増加）、金融機関からの資金調達が停滞[112]。

(1') 地方政府は土地譲渡収入が減少、各種政策のための財源が不足[113]。

　今後は、地方融資平台のデフォルトが発生するか、発生した場合にはそれが一部にとどまるか全国に伝ぱするのか[114]、そうした事態を防ぐためにどのような政策措置が事前に採られるのかを注視する必要がある。政府は2023年5月に組織改編を行い金融監督部門等を再編した国家金融監督管理総局を発足させ、金融監督体制の強化を図るなど、金融安定を本年の重要課題に位置付けているところ、問題の先送りにとどまらない具体策が待たれる。

---

[112] IMF (2023b)は、地方融資平台発行の都市投資債券の利子率の上昇（地方政府債券とのスプレッドの拡大）が、相対的に低所得の地方で進行していると指摘。また、Feng and Wright (2023) は、205都市の財政データと地方融資平台2892社の財務諸表の分析を元に、(i) 8割近くの地方融資平台は利払いに必要なキャッシュフローを得られていない、(ii)地方政府の半数は利払い費が財源の10%以上に達している、と指摘。

[113] Feng and Wright (2023) は、地方政府の苦境は2023年に財政支援を伴う景気支援策が不足している主因となっていると指摘している。

[114] 2021年以降の不動産市場の悪化においては、当初は一部ディベロッパーの問題とされていたが、工事の停滞や資金調達環境の悪化が広がり、全体的な停滞につながることとなった（内閣府（2023））。

3．ヨーロッパ：エネルギー確保と脱炭素、半導体サプライチェーンの域内構築

ヨーロッパでは、2023〜2024年の冬に向けた短期的なエネルギー確保及び長期的な脱炭素に向けた取組が、経済の先行きを考える観点のみでなく経済安全保障の観点からも重要な課題となっている。関連して半導体サプライチェーンの域内構築に向けた取組についても同様に重要な課題となっていることから、本項ではそれらの現状について概観する。

（1）エネルギー確保の取組と脱炭素に向けた取組
（エネルギー貯蔵量は高水準で推移し、2024年冬の天然ガス需要分は確保の見込み）

EUは2022年2月のロシアによるウクライナ侵略以降、ロシア産化石燃料への依存から段階的な脱却を進めるとともに、エネルギー確保及び消費削減に努めてきたことから、エネルギー需給状況については改善がみられている。2022〜2023年冬は比較的暖冬であったこともあり、同期間における域内の天然ガス消費は前年比▲16％と需要が抑えられるとともに[115]、アメリカからの輸入量が増加したこと等もあり[116]、2023年に入り、天然ガス貯蔵量は過去（2015〜2020年）の貯蔵量の最大値レベルで推移している（第1-2-29図）。

第1-2-29図　EUガス貯蔵レベルの推移（2023年7月14日時点）

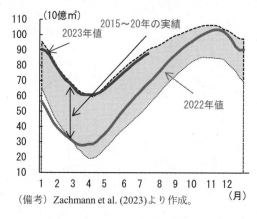

（備考）Zachmann et al. (2023)より作成。

欧州評議会は2023年3月23日、委員会と加盟国に対して、来冬に向けた天然ガス備蓄の充填の準備と緊急時の計画を策定するよう求めていた。2023年5月時点では、同計

---

[115] 2022〜2023年冬における域内の天然ガス消費実績についてはIEA(2023)参照。
[116] Zachmann et al. (2023)によれば、2023年1−6月期におけるEUのアメリカからの輸入量は前年同期比で4％増。

画を踏まえれば、2023年の天然ガス使用量は2022年比で▲5％となる見込みである[117]。内訳としては、消費抑制策と再生可能エネルギーの利用拡大により電力部門における天然ガス使用量が前年比▲15％となるとともに、産業部門においては天然ガス価格の低下により同＋5％となる一方、家計においては同▲4％と見込まれている。

このように2023年前半における天然ガス貯蔵量が過去（2015～2020年）の最大値にあるとともに、2023年の天然ガス使用量見込みが前年比▲5％程度と更に削減されることを踏まえると、現時点においては来冬の需要を賄うだけの天然ガスを確保できる可能性が高いと考えられる。ただし、世界全体の天然ガス需給や厳冬など天候要因等にも左右され得るため、引き続き状況を注視する必要がある。

（欧州では二酸化炭素の排出削減が進む）

脱炭素については、英国は温室効果ガス削減目標として2035年に1990年比で▲78％、EUは2030年に1990年比で少なくとも▲55％を掲げている。この進捗状況を確認するために、1990年＝100として欧州主要5か国及びEU全体の二酸化炭素排出量をみると、2021年の英国は57.7（▲42.3％）、EUは71.4（▲28.6％）となっている。EUの内訳は、ドイツが60.8（▲39.2％）、フランスが77.7（▲22.3％）、イタリアが80.1（▲19.9％）、スペインが100.4（0.4％）となっている（第1-2-30図）。

第1-2-30図　欧州主要国のCO2排出量の推移

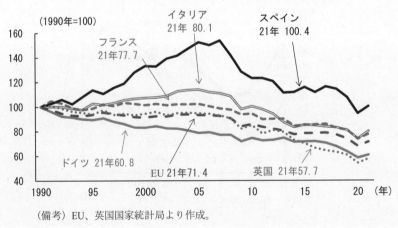

（備考）EU、英国国家統計局より作成。

（脱炭素に向けて合成燃料の使用等の新たな取組が進められるが、時間を要する見込み）

これまでもEUは脱炭素に向けて積極的な取組を進めており、2030年の温室効果ガス

---

[117] IEA（2023）参照。

削減目標達成に向けた政策パッケージである「Fit for 55」に基づく取組として、EU排出量取引制度の強化[118]等の施策を推進してきた。また、ウクライナ情勢を受けて欧州委員会が2022年3月に公表した「REPowerEU」計画に基づきガス供給源の多様化等を進めてきた。さらに、EU理事会は2023年3月には、欧州議会と2022年10月に暫定合意したエンジン車の新車販売を2035年から禁止するとしていた方針を転換し、合成燃料（e-fuel）[119]の使用を条件に販売継続を認めることでEU議会と合意し、Fit for 55の実現に前進がみられた。

　個別国の動きとしては、ドイツ政府が、国内の航空産業向けに、2030年までに持続可能なジェット燃料を少なくとも年間20万トン生産する目標を掲げているほか、国内においてカーボンニュートラルな合成燃料を大規模製造する初の大型設備に対し600万ユーロ（約8.8億円）の投資を行うこととしている。英国は、2023年3月、長期的なエネルギー安全保障と自立の強化を目指し、安価かつクリーンな国産電力の拡大、グリーン産業の構築を目的とした「パワーアップ・ブリテン」を発表した。具体的には、全国の電気自動車（EV）充電インフラ強化に3億8千万ポンド（約556億円）の資金提供を行うなどにより、炭素排出のネットゼロを達成しながら英国の国際競争力の強化を目指すこととしている。

　ただし、これらの取組を実施するには時間を要することに留意する必要がある。合成燃料を利用した自動車の開発は、その費用が高額になると見込まれるため、ドイツでは高級車を中心に検討が進められており、低価格化等による合成燃料車の普及には時間を要すると考えられる。

（2）半導体サプライチェーンの域内構築に向けた取組
（英国やＥＵでも経済安全保障の取組が進む）

　英国及びEUにおいては、米中貿易摩擦を受けた経済安全保障の重要性の高まりを受けて、半導体等の重要な製品のサプライチェーン（供給網）を域内に構築する動きが引き続きみられている。

　英国では2022年1月、国家安全保障・投資法が制定・施行され、国家安全保障上重要な事業分野における外国企業による投資受入れについては事前届出を義務付けるとともに審査を実施している。また2023年5月、国家半導体戦略を発表して半導体を重要産業

---

[118] 2021年11月、2030年までに2005年比で▲43%としていた排出量目標を▲62%に引き上げるとともに、建物や道路輸送、その他の小規模産業の排出量削減を費用対効果よく実施するため、EU ETSとは別の排出量取引制度を設立するEU排出量取引制度の改正等、政策パッケージが発表され、2023年4月にEU理事会で採択、施行された。
[119] CO2（二酸化炭素）とH2（水素）を合成して製造される燃料。CO2を資源として利用することから、脱炭素燃料とみなすことができると考えられている。

として位置付け、英国内における研究開発に加え、生産を英国内で行うなど国内供給網の強化等を図ることとしている。

EUにおいては加盟国各国が個別に投資規制を設けているが[120]、2020年10月に域内直接投資審査規則が全面施行され、加盟国は個別案件の審査において他の加盟国から必要な情報提供を受けつつ審査を実施している。

（経済安全保障と経済成長のバランスは引き続き課題）

これらの措置を受けて、英国及びユーロ圏では、域外からの投資を拒否する動きがみられている。英国では、2022年11月、オランダに本社を置く中国系半導体製造企業による英国内のマイクロチップ工場の買収について、国家安全保障・投資法に基づき撤回命令が出されている。また、ドイツでは、同月、中国系企業によるドイツ国内の半導体工場の買収について、ドイツの秩序と安全保障を脅かす可能性があるとの理由から不許可としている。

サプライチェーンリスク等に対する経済安全保障の観点は重要ではあるものの、経済成長とのバランスは引き続き重要な論点であり、経済のデカップリングに至らないよう、慎重な対応が今後とも求められる。

---

[120] ドイツは2021年3月、対外経済法及び同施行令において、半導体等の重要な製品を生産する国内企業に対する20%以上の議決権取得が審査対象と規定した。

４．国際金融：人民元の国際化、途上国債務問題

　本項では、長期的に重要な国際金融上のテーマと考えられる、国際金融危機を契機に進められてきた中国人民元の国際化の動向に加え、感染症拡大を契機に債務返済のリスクが高止まりしている途上国債務問題への対応について概観する。

（１）中国人民元の国際化

　中国では、2008年の世界金融危機を契機に、資本規制は残しながらも、貿易取引上の決済通貨として人民元建ての取引等が増加し、人民元の国際化が進んだ。また、中国人民銀行（中央銀行）の主導により、独自の人民元国際決済システム（CIPS：Cross-border Interbank Payment System）が構築され、海外との貿易決済を従来のドル建てから人民元建てに変更する動きがみられている。ここでは、人民元の国際化に向けたこれまでの主な取組を概観し、CIPSの利用状況等を踏まえ、人民元の更なる国際化の可能性について考察する。

（国際金融危機を契機に人民元の国際化が進む）

　まず人民元の国際化に向けたこれまでの主な取組について概観する。

　一般的に、通貨の国際化とは、当該通貨が、貿易や金融等の国際取引において、価値尺度、決済手段、支払準備としての用途が拡大することを指す[121]。以下では決済手段及び支払準備の観点から人民元の国際的な用途拡大の状況をみてみる。

　2009年７月、中国通貨当局は、上海及び広東省の４市（広州、深セン、珠海、東莞）に居住する者に対し、香港・マカオ及びASEAN諸国からの輸入の決済のために人民元を使用することを認めた。これにより海外との貿易決済における人民元の使用[122]が始まった。

　また、2009年以降、中国人民銀行は世界の中央銀行と通貨スワップ協定を締結し、相手国が国際流動性不足に陥った際に人民元を引き出して対応することを認めることとなった。そのため、2009年から2021年末までに計39の中央銀行との間で通貨スワップ協定

---

[121] 国際化の結果、貿易取引において、自国通貨建て決済が広がり輸出入業者の為替リスクが軽減される一方、海外の投資家も当該通貨建ての金融資産を保有することから、金利や為替相場は外国からの影響を受けやすくなり、国内の金融政策や通貨政策に影響が及びやすくなる点に留意が必要である（詳細は、国際通貨研究所（2023）を参照）。なお、猪又他（2016）は、国際通貨となるための必要条件として、当該国が経済規模や貿易額の大きい大国であること、通貨価値が安定している国であること、資本取引が自由であり、海外からの投資の受け皿となる流動性の高い金融資本市場が存在している国であること等を指摘している。

[122] 神宮他（2010）は、人民元建て貿易決済（クロスボーダー取引）は2009年７月から始まるが、それ以前の貿易決済は主に米ドルによる外貨建てであったことを指摘。なお、貿易決済ではないが、2003年に中国銀行（香港）が香港で最初の人民元クリアリング業務を開始し、2007年には同行が人民元建て債券決済サービスを開始している。

を結び、その後は協定の延長・更新を行っている。

　2016年には、人民元はIMFの特別引出権（SDR）通貨バスケットの構成通貨に新たに組み入れられ、IMF加盟当局間では「自由に使用可能」（freely usable）な通貨と認定された。なお、SDR通貨バスケットにおける人民元のウェイトは組み入れ時点では米ドル（41.73％）、ユーロ（30.93％）に次ぐ10.92％で、円（8.33％）や英ポンド（8.09％）を上回ることとなった[123]。

　2022年以降、資源取引における人民元決済は拡大している。特に、ロシアによるウクライナ侵略に伴い、ロシアがG7とEU、オーストラリアからの経済制裁により、国際銀行間通信協会（SWIFT：Society for Worldwide Interbank Financial Telecommunication、後述）を通じた決済システムから排除されたことを受け、ロシアとの原油等の貿易決済には人民元の活用が増加[124]している。また、中国当局は2国間の合意として、ブラジルとは取引全般に対する決済通貨を人民元とレアルに限定する方針を公表（2023年3月）し、アルゼンチンとは中国からの輸入商品に対する決済通貨を米ドルから人民元建てに切り替える方針を公表した（2023年4月）。

（資本規制もあり利用割合は小さい）

　このように人民元の国際化は進んでいるものの、世界経済における中国の経済規模（18.5％（2022年名目GDPでの構成比））[125]と比べると、国際決済通貨としての利用割合は小さい（2.77％（2023年6月時点））（第1-2-31表）。また、各国が保有する外貨準備に占める比率をみると、2021年末までは上昇傾向で推移したものの、2022年には上昇傾向に一服感がみられており、水準としても低位にとどまっている（2.69％（2022年10－12月期））（第1-2-32図）[126]。

　経常取引と資本取引は表裏一体であることから、資本取引の自由化が通貨の国際化の進展に重要となる。しかし、中国は、金融政策の自由度を保ちつつ管理変動相場制を維持するために資本規制[127]を行っており、人民元の国際化には制約が課されている。一方

[123] SDR通貨バスケットにおける通貨比率は2022年8月に見直されたことを受け、人民元はこれまでの10.92％から12.28％へ上昇した。なお、米ドルは41.73％から43.38％、ユーロは30.93％から29.31％、円は8.33％から7.59％、ポンドは8.09％から7.44％へそれぞれ比率が見直された。
[124] 日本貿易振興機構（2023）によると、輸出決済に占める中国人民元の割合は、2022年1月の0.4％から2023年1月には16％に上昇。また、人民元の輸入取引決済に占める割合は、2022年1月の4％から同年12月には23％に上昇。
[125] IMF (2023e)参照。
[126] 野木森（2023）は、各国中銀・政府が保有する外貨準備のうち、人民元建て資産が2022年に入ってから減少している原因としてドル離れの動きを指摘しており、ドルの代わりに選ばれる通貨は、人民元ではなく中国以外の新興国通貨になっていると指摘している。
[127] (1)直接投資規制については、2022年1月に施行された「外商投資参入特別管理措置（ネガティブリスト）」等により、ネガティブリストの範囲内の事業について外商投資（中国における外資による中国への投資）の禁止・制限が行われた。(2)証券投資規制については、流出面では、2006年に適格国内機関投資家（QDII）制度を創設し、2021年には中国本土投資家による香港市場での売買を認めている。また流入面では、2015年の海外投資家向けの中国銀行間

で、中国当局は貿易決済等に係る市場からの要請と事務の効率性の観点から人民元の国際化の必要性を主張しており[128]、そのための取組としてCIPSの導入が進められている。

第1-2-31表　国際取引における国際決済通貨の割合（%）

順位	2016年末		2020年末		2022年末		2023年6月	
1	米ドル	42.09	米ドル	38.73	米ドル	41.89	米ドル	42.02
2	ユーロ	31.30	ユーロ	36.70	ユーロ	36.34	ユーロ	31.25
3	ポンド	7.20	ポンド	6.50	ポンド	6.08	ポンド	6.88
4	円	3.40	円	3.59	円	2.88	円	3.36
5	カナダドル	1.93	人民元	1.88	人民元	2.15	人民元	2.77
6	人民元	1.68	カナダドル	1.77	カナダドル	1.76	カナダドル	2.24
7	オーストラリアドル	1.55	オーストラリアドル	1.44	オーストラリアドル	1.31	香港ドル	1.56

（備考）SWIFT , RMB Tracker より作成。

第1-2-32図　外貨準備比率（通貨別）

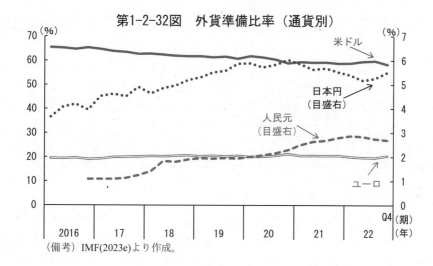

（備考）IMF(2023e)より作成。

（CIPSは導入が進むも、SWIFTの代替は限定的）

　中国人民銀行は人民元の更なる国際化を推進し、人民元決済を容易にする独自の国際決済システムとして、2015年にCIPSの稼働を開始した。CIPSには2023年6月30日時点で111か国・地域から1,452銀行が参加している。このうち、中国の国内銀行から構成される直接参加行が89行、海外銀行から構成される間接参加行が1,363行となっている。なお間接参加行は、直接参加行を通じて、人民元建ての貿易取引、直接投資、融資、個

債券市場（CIBM）での直接取引の導入、2020年の一部の適格海外機関投資家への投資限度枠撤廃等の規制緩和措置がなされている。(3)貸出・借入規制については、現地法人が域外貸付を行う際には国家為替管理局（SAFE）への登記手続が求められる一方、国内外資系企業の国外からの資金調達について、マクロプルーデンス方式（純資産等に基づく規制）による制限がある（詳細は、財務省国際局（2021）を参照）。
[128] PBC (2023)は、人民元の国際化の必要性について2023年1月11日付の「金融サービスに関するお知らせ」において説明している。

人送金等の国際決済を行うことができる。

　しかしながら、CIPSはSWIFTに大きく依存する[129]。CIPSを利用する中国国内の直接参加行間の決済情報の伝達はCIPSの専用回線で行われるものの、中国国外の間接参加行と直接参加行の間の決済情報伝達はSWIFTで行われることから、CIPSがSWIFTを代替できる範囲は限られるとみられる[130]。

　実際に、CIPSの利用機関数と決済処理件数・金額は増加しているものの、その利用状況はまだ限定的である。2022年における1日当たりの平均取扱件数は1万7,650件、決済処理金額は590億ドル程度であり、SWIFTの1日平均4,480万件、5兆ドルと比べると小さい規模にとどまる（第1-2-33表）。

第1-2-33表　国際決済システムSWIFTとCIPSの比較

	参加国	参加金融機関数	決済処理件数 （1日平均）	決済処理金額 （1日平均）
SWIFT	200か国以上	11,696 行 （「会員行」2,360 行、「準会員行」2,993 行、「参加行」6,343行）	4,480 万件（2022 年1-12 月）	5 兆ドル（2022 年）
CIPS	111か国（※）	1,452 行 （「直接参加行」89行、「間接参加行」1,363 行）（※）	1 万7,650 件（2022年1-12 月）	3,890 億元（593 億ドル）（2022 年1-12 月）

　（備考）　1．SWIFT、CIPS の各HPより作成。
　　　　　　2．決済処理件数、決済処理金額については、日本国際問題研究所（2023）を参照。
　　　　　　3．（※）については、2023年6月までのデータ。それ以外は、2022年12月までのデータ。

（人民元の更なる国際化は限定的となる可能性）

　前述のとおり、中国人民元は、資本規制等もあることから、世界経済における中国の経済規模と比べると、国際決済通貨としての利用割合は小さい。また、外貨準備比率をみると、2022年には上昇傾向に一服感がみられている。

　加えて、CIPSについては、2023年6月までの1年間に間接参加行が98行増加しており、国際的な人民元決済の広がりは進みつつあるものの、SWIFTを代替できる範囲は引き続き限定的であると考えられる。

　以上を踏まえれば、現状では人民元の更なる国際化については限定的となる可能性があるが、今後、資本規制の緩和等により国際化の推進が加速されるか否か、注視する必要がある。

---

[129] 国際決済は主に、金融機関同士の決済情報（金額、口座番号等）を伝達するネットワークと実際の資金移転を実行する決済システムの2つから成り立っている。SWIFTは前者の決済情報の伝達を行う機関であり、決済情報を大量かつ迅速に処理することができ、その普及率の高さから国際決済における事実上の標準規格となっている。SWIFTを利用しなくても電子メール等で伝票をやりとりすることはできるが、時間やコスト面から効率的な国際資金決済手段とはなっていない。

[130] 中田・長内（2022）は、CIPSのシステム開発において、SWIFTとCIPSの両者が協力関係にあるという点を指摘し、CIPSはSWIFTの送金メッセージを受け入れることで参加機関の間口を広げており、SWIFTはCIPSに取り入れられることでその利便性が向上しているとしている。

コラム7　デジタル人民元の動向

　中国においては、現金に代わる電子的支払手段である中央銀行デジタル通貨（デジタル人民元）の導入に向けた実証実験が積極的に進められている。以下ではデジタル人民元の導入に向けた取組について概観する。

　まず、デジタル人民元の開発の経緯を確認する。2014年、中国人民銀行は同行内に専門チームを設置してデジタル人民元の研究をスタートさせ、2019年11月、同行は基本的設計の完成並びに試験運用を行う地域・サービスを選択すると発表した。2020年3月にはデジタル人民元の流通に関連する法律の作成に取り組むことが公表され、同年10月、人民銀行法改正法案を公表した。

　中国人民銀行は、2020年4月から8月にかけて、深セン、蘇州、雄安新区、成都の4地域でデジタル人民元の試行を行い、同年10月以降、本格的な実証実験を深セン、蘇州、北京、西安、海南など国内主要都市で実施した[131]。実証実験は、2022年9月19日までに、中国国内の17省・26都市（北京市、上海市、広東省等）において行われ、2022年8月末までに累計での取引回数は3.6億回、取引金額は1,000億元（約1.9兆円）となっており、2022年末時点で流通残高は136.1億元（約2,600億円）とされる[132]。デジタル人民元の正式導入のスケジュールは発表されていないが、2022年9月には実証実験を段階的に、広東省、江蘇省、河北省、四川省の全域に拡大する方針を示し、導入に向けた実証実験を重ねている。また、最近の実証実験[133]では、地方政府や銀行で職員の給与をデジタル人民元で支給する動きもみられている。

　中国がデジタル人民元の発行に向けた動きを加速化する理由として、主に次の点が専門家から指摘されている[134]。（i）民間のデジタル通貨[135]や暗号資産（ビットコイン等）からの自国通貨の保護、（ii）国際取引におけるリアルタイム、低コスト・高効率、低リスクな経済取引及び為替取引の実現、（iii）二国間や複数国間でのデジタル法定通

---

[131] この他、デジタル人民元は、2022年2月の北京オリンピック・パラリンピックにおいて海外からの旅行者やアスリートによる利用が検討されたものの、コロナ禍でバブル方式での開催だったために、外国人による利用は限定的であった。

[132] 日本銀行（2023）参照。なお、同論文では、海外の中央銀行デジタル通貨（CBDC）に関する取組として、中国以外に米国、ユーロ圏、英国について紹介されている。

[133] 最近の例として、2023年4月20日、江蘇省常熟市の地方金融監督管理局及び財政局は「給与全額のデジタル人民元での支給に関する通知」を公表し、常熟市のあらゆる公務員、国有企業職員等の給与全額について、デジタル人民元での支給を5月から開始するとした。常熟市では、2022年から、全市でデジタル人民元の使用実験が行われており、現在までに多くの消費シーンでデジタル人民元での決済が可能となっている。なお、これまでも、江蘇省蘇州市等で、公職に就く者の給与の一部をデジタル人民元にて支給するという試行的な活用がなされていたが、全額デジタル人民元での給与支給は初。

[134] 河合（2021）は、中国経済の急速な拡大とともに人民元の国際化が進展するとし、中国人民銀行は、デジタル人民元の開発・普及を通し、人民元を主要な国際通貨に押し上げようとしていると指摘。

[135] フェイスブック（現メタ・プラットフォームズ社）の提唱したリブラ（後のディエム）等のステーブルコインを指す。

貨の同盟の確立及び国際的な規範や基準の策定、（iv)中国人民銀行による経済活動や国内外の金融・資本取引のリアルタイムでの追跡（トレーサビリティ）、（v)個人への直接の現金送金による需要喚起策の実現、（vi)資金洗浄（マネーロンダリング）、テロ資金動員、脱税等の金融犯罪の取締まり、（vii)きめ細かい金融政策の調整の実現。

　このような取組の現状を踏まえ、専門家からは、中国はデジタル通貨の技術・運営・規制面等の国際基準の策定においては先行する可能性があると指摘されている[136]。

（2）途上国債務問題

　途上国[137]の対外債務の現状をみると、対外債務残高の対名目GDP比は2010年代前半は緩やかな上昇傾向が続いたものの、2010年代後半から2021年にかけては横ばい傾向となり、債務問題の悪化傾向はマクロの観点からは一旦落ち着いたようにみえる（第1-2-34図）[138]。しかしながら一部の途上国では、欧米の急速な金融引締めを受けて、自国通貨が米ドル等の主要国通貨に対し下落傾向を示している[139]。一般的に、債務の多くが米ドル建てとなる中、自国の通貨安は債務負担増となり、返済能力が低下するとともに、金利引上げに伴う借り換え時の利払いも増加するというリスクを途上国は引き続き抱えている。以下では、途上国の債務返済リスクの現状、対外債務問題についてのこれまでの取組、及び問題解決に向けた最近の取組を概観する。

---

[136] 河合（2021）は、デジタル人民元の利用がかなりの地域に広がることで、ドル、ユーロ、円の既存の国際通貨体制を脅かし得ると指摘。
[137] 世界銀行の基準に従い、一人当たり国民総所得（GNI）に基づいて分類された低所得国と中所得国を指す。
[138] 経済産業省（2023）は、(1)新興・発展途上地域の対外債務残高の対名目GDP比でみた規模感は、感染症が流行した2020年以降でも過度な比率の上昇はみられない、(2)新興・発展途上地域の財政状況は、2020年初から特に悪化したとはみられないと指摘。また、対外債務の返済額に対して外貨獲得が十分であるのかを示す対外債務支払額の輸出・第一次所得比率は、一部の地域を除き、2021年に同比率が一様に低下しており、地域という観点においては、対外債務は経済が混乱に陥る程の規模になっている様子はみられないとしている。なお、対外債務増加の背景には、(1)地域の予想成長率の高さ、(2)インフレ抑制を含めた景気安定性に対する意識の高まり等があるとしている。
[139] 内閣府（2023）は2022年後半の為替相場動向を概観し、インドネシアや南アフリカの為替相場は減価傾向が続いているものの、ブラジルやメキシコは自国の金融引締め等により増加傾向が続いていることを指摘している。

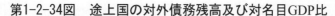

第1-2-34図　途上国の対外債務残高及び対名目GDP比

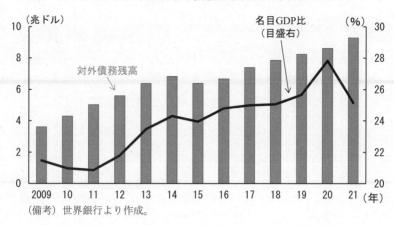

（備考）世界銀行より作成。

（途上国の多くが債務返済上のリスクを抱える）

　途上国のうち低所得国の債務返済リスクを評価するIMFの債務持続性分析[140]（DSA）
をみると、評価対象となる低所得国は70か国程度でおおむね一定である中で、2020年以
降は「過剰債務」及び「高リスク」の割合は全体の５割以上を占めており、感染症拡大
を契機に債務返済のリスクが比較的高い途上国の割合は高止まりしていることが確認で
きる（第1-2-35図）。そのリスクは一部顕在化し、2022年末にガーナは事実上のデフォ
ルト[141]に陥った。また中所得国ではあるが、スリランカも2022年にデフォルトに陥った
[142]。2023年５月末時点においても、低所得国70か国のうち、11か国が債務支払に問題が
あり、26か国が高リスク、26か国が中リスク、７か国が低リスクと評価（デフォルト国
を除く）されている（第1-2-36表）。

---

[140] 2005年、IMF及び世界銀行が、低所得国（Low Income Countries）を対象として導入。国の債務の持続性につい
て、(1)過剰債務（in debt distress）、(2)高リスク（High）、(3)中リスク（Moderate）、(4)低リスク（Low）に分類し、
国の債務が持続不可な状態に陥らないという基準を満たした上で、当該国がどの程度まで資金を借り受けられるかを
判断する際の重要なベースラインとなっている。なお、2021年には、IMF等担当者の裁量に左右されることがないよ
う統計的な手法を用い、透明性を向上させる等分析方法の改善を図った。
[141] ソブリン債の債務不履行（元本が完全に返済不能）状態を指す。なお、デフォルトの理由としては、ガーナにつ
いては、報道等によると、恒常的な財政赤字（歳入の70～100%が債務返済に充てられる）やインフレ、格付けの引
下げに伴い借換え困難となったこと等が挙げられている。
[142] 恒常的な財政赤字と貿易赤字による債務負担と外貨流出が継続する中、急激なインフレや新型コロナの影響によ
る観光客や海外労働者送金額の減少に見舞われたことが原因とされる。

第1-2-35図　債務リスク評価の推移

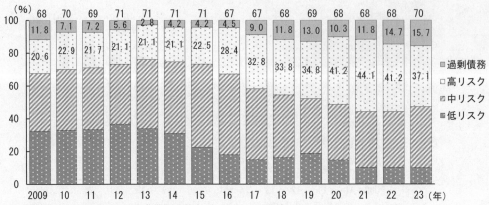

(備考) 1．IMF及び、国際農業開発基金（IFAD）より作成。
　　　　2．2023年分は、5月末時点の値。
　　　　3．グラフ上部の実数は、対象国の数を指す。

第1-2-36表　国別の債務リスク評価（2023年5月末時点）

リスク分類	国数	国名
過剰債務	11	コンゴ共和国、ガーナ、グラナダ、ラオス、マラウィ、モザンビーク、サントメプリンシペ、ソマリア、スーダン、ザンビア、ジンバブエ
高リスク	26	アフガニスタン、ブルンジ、カメルーン、中央アフリカ、チャド、コモロス、ジブチ、ドミニカ、エチオピア、ガンビア、ギニアビサウ、ハイチ、ケニア、キリバス、モルディブ、マーシャル諸島、ミクロネシア、パプアニューギニア、サモア、シエラレオネ、南スーダン、セントビンセント・グレナディーン、タジキスタン、トンガ、ツバル
中リスク	26	ベニン、ブータン、ブルキナファソ、カーボベルデ、コンゴ民主共和国、コートジボワール、ギニア、ガイアナ、キルギス、レソト、リベリア、マダガスカル、マリ、モーリタニア、ニカラグア、ニジェール、ルワンダ、セネガル、ソロモン諸島、セントルシア、タンザニア、東ティモール、トーゴ、ウガンダ、バヌアツ、イエメン
低リスク	7	バングラデシュ、カンボジア、ホンジュラス、モルドバ、ミャンマー、ネパール、ウズベキスタン

(備考) 1．IMFより作成。
　　　　2．貧困削減・成長トラスト（PRGT）適格（IMF評価に基づくもの）（2023年5月末時点）。
　　　　　 なお、IMFは、PRGTを通じて低所得国向けに無利子の長期融資を行うなど、低所得国を支援。

（金利上昇等を受けて、途上国の対外債務問題対応は流動性支援から構造改善にシフト）

　このように、一部の低所得国においては、過去に債務救済[143]を受けたにもかかわらず、近年、再び公的債務が累積し、債務持続可能性が懸念されている。この背景として、債務国側では、自国の債務データを収集・開示し、債務を適切に管理する能力が不足していること、債権者側では、資金供給の担い手が多様化しており、新興債権国や民間債権者による貸付割合が大幅に増加する一方で、パリクラブ[144]参加国による貸付割合が相対的に減少していることが指摘されている。

---

[143] これまでの途上国に対する債務救済の経緯は外務省（2023）参照。
[144] 債務返済困難に直面した債務国に対し、欧米中心のソブリンを対象とする二国間公的債務の債務救済措置を取り決める非公式な債権国会合。原則として年10回、フランスで開催される。

感染症拡大を受けて、G20及びパリクラブは、2020年４月に「債務支払猶予イニシアティブ（DSSI）」を立ち上げ、低所得国が抱える公的債務の支払いを一時的に猶予する措置を実施した。DSSIは2021年12月末に終了したが、2020年11月に合意された「DSSI後の債務措置に係る共通枠組」（以下、「共通枠組」という。）の下で、債務救済を実施することとなった[145]。

　その後、欧米の金融引締め等を受けた途上国の債務返済能力の低下を受けて、2023年２月に開催された20か国財務大臣・中央銀行総裁会議（G20）の議長総括では、「低・中所得国の債務ぜい弱性に対処する緊急性を認識する」と指摘され、債務破綻状態の国に対する協調した債務措置の促進に向け、予測可能かつ適時に、秩序立った方法で連携して、共通枠組の実施を強化する旨が盛り込まれた。また、「債務の透明性の向上に引き続き取り組むため、民間債権者を含む全ての関係者による協働を歓迎する」と民間債権者の参加が促された[146]。

　途上国の対外債務問題への対応は、これまで支払猶予等の流動性支援が中心だったが、利上げの長期化に伴い、債務比率を引き下げ、途上国の支払能力を構造的に改善する方策に議論が移りつつある。対外債務問題の解決には、債務国と債権者が協力して、同じ枠組みの中で債務に関する情報共有や対話を積み重ねることにより債務の透明性を高め、全ての債権国が協調して取り組むことが必要とされている。

（債権者構成の変化に伴い、新たな協調の枠組みを構築）

　途上国の対外債務問題を考えるに当たり、債権者側の構成に生じている変化にも注意を払う必要がある。近年、中国の債権者としての存在感が増大し、2021年末時点において、中国は途上国全体の対外債務残高の１割程度を占める最大の債権国となっている（第1-2-37図）[147]。しかし、二国間公的債務の債務救済措置を取り決める役割を果たしてきたパリクラブに中国は参加しておらず、債務問題発生時には債権者のコンセンサスを要する債務減免等が難航することがある。

　このため、多国間での協調を通じた債務問題への解決に向けて、2023年２月にG20、IMF、世界銀行が共同でグローバル・ソブリン債務ラウンドテーブル（GSDR）[148]を設

---

[145] 以上の経緯は外務省（2023）より引用・要約。

[146] 民間債権者の問題については小荷田・川野（2022）を参照。

[147] Georgieva and Pazarbasioglu (2021)は、世界銀行の分類する対外債務を大きく、(1)公的債務、(2)公的保証が付与された民間債務、(3)民間債務とした場合、中国は対低所得国向けの公的な債務（(1)及び(2)の合計）では、パリクラブの合計を上回る最大の債権者になっている点を指摘。また、世界銀行のデータによると、2021年末時点において、途上国全体の対外債務残高の保有割合は、世界銀行が最も高く（24.0%）、以下中国（12.0%）、日本（7.4%）、フランス（2.8%）、ドイツ（2.3%）、アメリカ（2.2%）となっている。

[148] GSDRは、主たる債権者間で債務再編に係る共通の理解を促進し、「共通枠組」内外で債務再編プロセスの問題点の解決に向け取り組むことを目的としている。なお、共通枠組とは、途上国の債務再編作業の合理化を目指し、これまでの「債務支払猶予イニシアチブ」の後継とし、G20が2022年に導入したものである。

立し、民間債権者も参加しての途上国債務問題解決への議論が進められている。また、2023年4月のG7財務大臣・中央銀行総裁会合では、IMF貧困削減・成長トラスト（PRGT）[149]を通じ、低・中所得国向け支援拡大等が表明され、途上国支援が拡大された[150]。加えて、2023年5月の同会合では、フランス、インド、日本の3か国共同議長の下、スリランカのための債権国会合[151]の立ち上げが歓迎されるとともに、債務問題を抱える途上国の債務の透明性向上に向けた取組等について合意がなされた。

今後は、途上国の債務問題解決に向けてG7、中国を含む債権国全てが主体的役割を果たすとともに、民間債権者の協力を促す取組を続けていく必要がある。ただし、債務削減に向けた取組の実効性を担保するためには、途上国の債務実態の透明性が確保された下で、返済リスクが正確に評価され、過剰融資や借入れも抑制されることが重要と考えられる。これは、借り手側のモラルハザードを防ぐことにもつながると考えられる。

第1-2-37図　中国に対する途上国の債務残高と債務残高全体に占める中国の割合

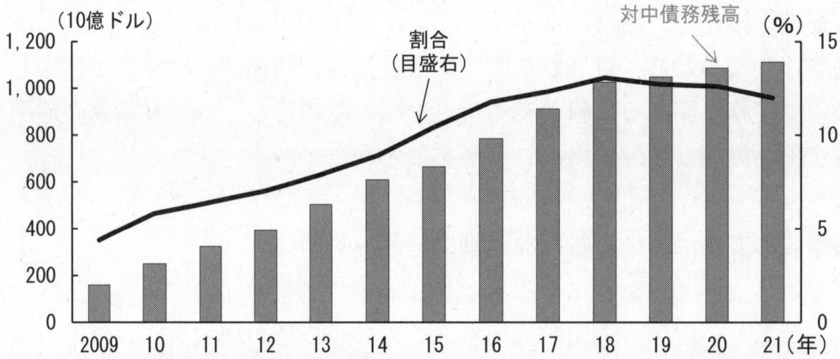

（備考）世界銀行より作成。

---

[149] 低所得国向けの融資条件が緩やかな譲渡的融資制度を通じ、低所得国が金融危機等の深刻な影響に対処できるようIMFにより創設。
[150] Gallagher et al. (2023) は、デフォルトリスクの高い国61か国の財政を健全化し、気候変動と経済発展の目標を達成するには、これらの国が抱える債務8,120億ドルのうち、3,170億ドル〜5,200億ドルの減免が必要とされると指摘。
[151] 第1回債権国会合において、中国はオブザーバーとして参加している。

第3節　世界経済の見通しとリスク

　これまで、1節において世界全体の景気動向を概観し、2節で補完的に主要地域及び国際金融における重要なトピックについて分析した。本節では経済活動の先行きについて各種指標から確認し、主要国際機関による見通しを整理する。また、前節までの分析結果も踏まえた先行きのリスク要因について整理する。

1．世界経済の見通し

　まず、当面の動きを示す各種指標を確認し、主要国際機関による見通しを整理する。経済指標をみると、財貿易はおおむね横ばいだが、マインド指標からは景気の持ち直しが示唆されている。また、国際機関の見通しをみると、世界経済の成長は下方修正となり、コア品目の物価上昇圧力は強いとの見通しとなっている。

（1）先行きに関連する経済指標の動き
（財貿易量はおおむね横ばいだが、内需関連のマインド指標は景気の持ち直しを示唆）
　世界の財貿易量の動向をみると、2022年後半以降、半導体の需要鈍化や感染症の再拡大に伴う中国経済の減速等を受けて低下したものの、2023年年初にはやや持ち直したのち、4月以降はおおむね横ばいで推移する見通し[152]となっている（第1-3-1図）。この背景には、需要の構成が国内のサービスへとシフトしていることや、ドル高の影響[153]もあると考えられる。

---

[152] 第1-3-1図の点線部分はKiel Institute for the World Economyが公表しているキール貿易指数（Kiel Trade Indicator）を用いた予測値。キール貿易指数は世界中のコンテナ船の位置情報等のデータを基に推計されている。詳しい推計方法については、Stamer (2021)を参照。
[153] IMF (2023f)では米ドルは国際貿易に関して決済通貨として広く使用されているため、ドル高は他通貨の米ドルに対する購買力を低下させることを通して貿易を減速させる効果があることを指摘している。

第1-3-1図　世界の財貿易量

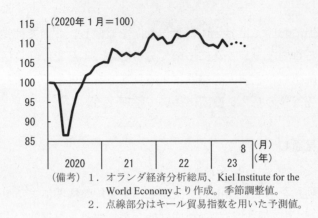

（2020年1月＝100）

2020　21　22　23

8（月）
（年）

（備考）1．オランダ経済分析総局、Kiel Institute for the
World Economyより作成。季節調整値。
2．点線部分はキール貿易指数を用いた予測値。

また、国際的な景気動向を反映するマインド指標であるグローバルPMIをみると、2023年1月以降、新規輸出受注指数（製造業）、生産指数（製造業・非製造業）ともに上昇に転じ、特に生産指数は分岐点の50を上回って推移している。2008年のリーマンショック以降の推移をみると、グローバルPMIは、OECD諸国全体でのGDP成長率とおおむね一致または先行する傾向がみられる。2022年は、グローバルPMIに低下傾向がみられたものの、2023年に入り、改善傾向がみられることを踏まえると、景気の持ち直しが続くとの期待が持てる（第1-3-2図）。

第1-3-2図　グローバルPMIの推移

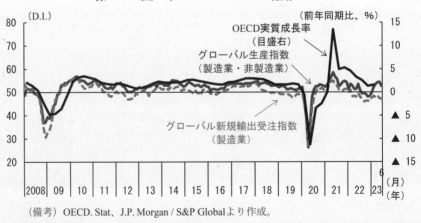

（D.I.）

（前年同期比、%）

OECD実質成長率
（目盛右）

グローバル生産指数
（製造業・非製造業）

グローバル新規輸出受注指数
（製造業）

2008　09　10　11　12　13　14　15　16　17　18　19　20　21　22　23

6（月）
（年）

（備考）OECD. Stat、J.P. Morgan / S&P Globalより作成。

しかし、欧米企業の景況感をみると、必ずしも明るいというわけではない。製造業についてみると、アメリカでは2023年に入り新規受注に持ち直しの動きがみられることか

ら、2023年4－6月期は下げ止まりの動きがみられるが、ユーロ圏では2022年半ばに分岐点の50を下回り、その後エネルギー価格の下落等を受けて2022年末以降おおむね横ばいとなったものの、2023年4－6月期は更に低下している（第1-3-3図、第1-3-4図）。

　一方の非製造業は、製造業とは異なる動き方をしている。アメリカでは新規受注が50を上回って推移していること等を背景に、景況感が50を上回って推移している。ユーロ圏においても、2023年以降は新規受注の改善等を背景に50を上回って推移している（第1-3-5図、第1-3-6図）。非製造業の好調さを確認するために、消費者の観点からも景気動向をみると、欧米の消費者マインド指標は、物価上昇率の低下を受けて2022年後半以降は上昇基調に転じており（第1-3-7図）、個人消費に対して明るい状況になっていることを示唆している。

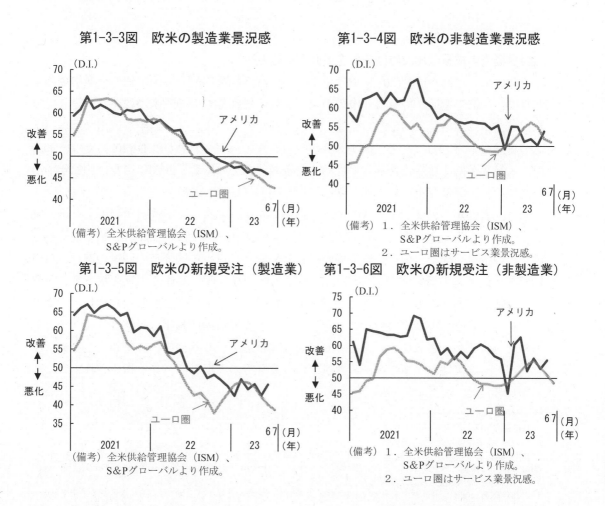

第1-3-3図　欧米の製造業景況感

（備考）全米供給管理協会（ISM）、
　　　　S&Pグローバルより作成。

第1-3-4図　欧米の非製造業景況感

（備考）1．全米供給管理協会（ISM）、
　　　　　　S&Pグローバルより作成。
　　　　2．ユーロ圏はサービス業景況感。

第1-3-5図　欧米の新規受注（製造業）

（備考）全米供給管理協会（ISM）、
　　　　S&Pグローバルより作成。

第1-3-6図　欧米の新規受注（非製造業）

（備考）1．全米供給管理協会（ISM）、
　　　　　　S&Pグローバルより作成。
　　　　2．ユーロ圏はサービス業景況感。

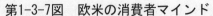

第1-3-7図　欧米の消費者マインド

（指数、1966年＝100）　　　　　　　　　　（D.I.）

（備考）ミシガン大学、欧州委員会より作成。

（２）国際機関の見通し
（世界経済の成長は2023年は前年を下回る見込み）

　７月に公表されたIMF (2023f)では、中国の経済活動再開や、各国中銀の金融引締めを背景に、2023年を通してみると中国の回復が見込まれるものの欧米が減速し、総じてみれば成長率は前年を下回るとの見通しが示されている。また、2024年も慎重な回復ペースの見通しが示されている（第1-3-8表）。６月に公表されたOECD (2023)では、2023年の成長率が低くなる背景として世界的な金融引締めの影響が2023年中及び2024年前半に発現し、民間投資を抑制すると見込まれている（第1-3-9表）。

　他方、過去からの2023年のIMF成長見通しを振りかえると、不透明な物価上昇等の動向を受けて上方、下方双方の修正が続いていた。７月の見通しでは、(i)インフレ抑制のための金融引締め、(ii)金融市場の混乱の影響、(iii) 中国経済の回復の遅れ、(iv)新興国・途上国の債務問題の深刻化、(v)地政学的な分断の高まり[154]等を踏まえ、世界経済は従来同様、下方リスクの方が支配的と指摘している[155]。しかしながら、リスクバランスが４月時点より改善したことを受けて、世界経済の成長率は2.8％から3.0％と若干の上方修正がなされた[156]。また、６月のOECD見通しでは、これらに加えてウクライナ情勢の不確実性、エネルギー・食料市場の混乱等の下振れリスクも指摘されている。

---

[154] IMF (2023e)では地政学的に世界経済のブロック化が進むと、対外直接投資への影響を通じて、生産高の大幅な損失につながる余地があるとしている。

[155] IMF (2023d)、内閣府（2023）。また、IMF (2023e)は金融環境の更なる引締まりを仮定した場合、世界経済の成長率は2023年に2.5％（ベースラインから0.3％ポイント引下げ）との試算を示し、金融資本市場の変動を受けて下振れリスクがより一層大きくなったと指摘した。

[156] 2023年見通しはインド及び中南米では0.2％ポイント引下げとなったほか、日本では0.5％ポイントの引下げとなった。しかし、欧米ではむしろ上方修正がみられ、アメリカでは2023年見通しを0.2％ポイント引上げ、ユーロ圏では2023年見通しを0.1％ポイント引上げとなったほか、中国は修正なしとされた。

第1-3-8表　IMFによる世界及び各国の実質GDP成長率見通し（2023年７月）

（前年比、%）

	2022年[実績]	23年	24年
世界	3.5	3.0	3.0
先進国	2.7	1.5	1.4
アメリカ	2.1	1.8	1.0
ユーロ圏	3.5	0.9	1.5
英国	4.1	0.4	1.0
日本	1.0	1.4	1.0
新興国	4.0	4.0	4.1
中国	3.0	5.2	4.5
ロシア	▲ 2.1	1.5	1.3

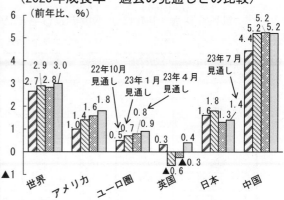

（2023年成長率　過去の見通しとの比較）

（備考）　1．IMF (2022), IMF (2023d) , IMF (2023e) , IMF (2023f)より作成。
　　　　　2．先進国はG7、ユーロ圏及び以下※の国。新興国はその他の国。
　　　　　　※アンドラ、オーストリア、チェコ、デンマーク、香港、アイスランド、イスラエル、韓国、マカオ、
　　　　　　　ニュージーランド、ノルウェー、プエルトリコ、サンマリノ、シンガポール、スウェーデン、スイス、台湾

第1-3-9表　OECDによる世界及び各国の実質GDP成長率見通し（2023年６月）

（前年比、%）

	2022年[実績]	23年	24年
世界	3.3	2.7	2.9
OECD	3.0	1.4	1.4
アメリカ	2.1	1.6	1.0
ユーロ圏	3.5	0.9	1.5
英国	4.1	0.3	1.0
日本	1.0	1.3	1.1
G20	3.1	2.8	2.9
中国	3.0	5.4	5.1
ロシア	▲ 2.0	▲ 1.5	▲ 0.4

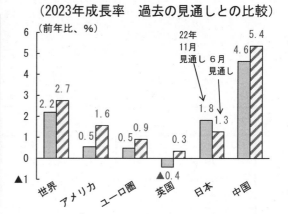

（2023年成長率　過去の見通しとの比較）

（備考）OECD(2022),OECD(2023)より作成。

（コア品目の物価上昇圧力は強い見込み）

　７月のIMF見通しでは、財価格の低下を受けて物価見通しは下方修正された。しかしながら、需要が予想以上に強いことを背景にコア品目の物価上昇圧力は強いと見込まれている（第1-3-10表）。一方、６月に公表されたOECD見通しでは、コアインフレ率が比較的高水準で推移することを受けて物価見通しは上方修正されたものの、G20諸国の物価上昇率はエネルギー・食料価格の低下や需要の減速、供給制約の緩和により低下していき、主要先進国では2024年末にかけて中央銀行の目標値に向かって徐々に低下する

と見込まれている（第1-3-11表）。

第1-3-10表　IMFによる世界及び各国の消費者物価上昇率見通し（2023年7月）

（前年比、%）

	2022年[実績]	23年	24年
世界	8.7	6.8	5.2
先進国	7.3	4.7	2.8
アメリカ	8.0	4.4	2.8
ユーロ圏	8.4	5.2	2.8
英国	9.1	6.8	3.0
日本	2.5	3.4	2.7
新興国	9.8	8.3	6.8
中国	1.9	2.0	2.2
インド	6.7	4.9	4.4
ブラジル	9.3	5.0	4.8
南アフリカ	6.9	5.8	4.8

（2023年物価上昇率　過去の見通しとの比較）

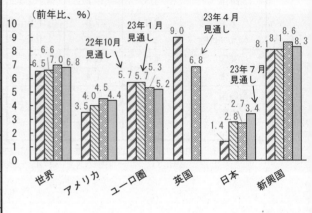

（備考）1．IMF (2022), IMF (2023d), IMF (2023e), IMF (2023f)より作成。
　　　　2．先進国はG7、ユーロ圏及び以下※の国。
　　　　　　新興国はその他の国。
　　　　　　※アンドラ、オーストリア、チェコ、デンマーク、香港、アイスランド、イスラエル、韓国、マカオ、
　　　　　　　ニュージーランド、ノルウェー、プエルトリコ、サンマリノ、シンガポール、スウェーデン、スイス、台湾

第1-3-11表　OECDによる世界及び各国の消費者物価上昇率見通し（2023年6月）

（前年比、%）

	2022年[実績]	23年	24年
OECD	9.4	6.6	4.3
アメリカ	8.0	4.2	2.6
ユーロ圏	8.4	5.8	3.2
英国	9.1	6.9	2.8
日本	2.5	2.8	2.0
G20	7.8	6.1	4.7
中国	1.9	2.1	2.0
インド	6.7	4.8	4.4
ブラジル	9.3	5.6	4.7
南アフリカ	6.9	6.0	4.7

（2023年物価上昇率　過去の見通しとの比較）

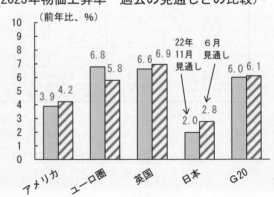

（備考）1．OECD(2022),OECD(2023)より作成。
　　　　2．左表中、インドは各財政年度（4月～翌年3月）の値。

（構造的財政収支は改善傾向だが、歳出圧力が高まる）

　感染症拡大下では、世界各国で経済活動の下支え等のために大規模な財政支出が行われ、構造的財政収支（景気循環要因を除いた財政収支）の赤字は急速に拡大した（第1-3-12図）。感染症対策としての対策規模を国別にみていくと、アメリカは約6.5兆ドル（約867兆円）、ドイツは約1.3兆ユーロ（約190兆円）、英国は約0.7兆ポンド（約116兆円）、フランスは約0.7兆ユーロ（約102兆円）、日本は約201兆円となっている[157]。

　2021年以降、アメリカや英国は急速に引締め傾向に転じたが、欧米全体では2023年時点でも構造的財政収支対GDP比は▲3.2％〜▲6.6％の大幅な赤字が続いており、景気下支え効果がみられる一方で、歳出削減は引き続き大きな課題となっている。

　しかし、アメリカでは「インフレ抑制法」や「半導体法（CHIPS及び科学法）」の成立、欧州では「欧州グリーン・ディール」、「デジタルの10年への道筋」の実現に向けた債務残高削減基準の撤廃[158]を受けて歳出圧力が高まっていることから、構造的財政収支の改善には時間を要する可能性がある[159]。

第1-3-12図　IMFによる構造的財政収支見通し（対潜在GDP比）

（先進国）　　　　　　　　　　　　　　　　　　　　（新興国）

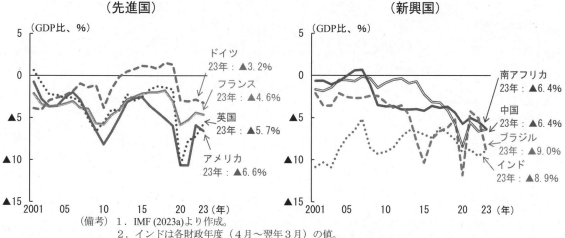

（備考）　1．IMF（2023a）より作成。
　　　　　2．インドは各財政年度（4月〜翌年3月）の値。

---

[157] アメリカ、ドイツ、英国、フランスの対策規模は内閣府（2022a）に基づいており、各種対策の詳細は内閣府（2020b）及び内閣府（2021）を参照。日本の対策規模については、令和2年度第1〜3次補正予算及び令和3年度予算（補正予算含む）を中心に行われた経済対策の規模であり、合計の算出に当たっては各年度の予算で重複する部分を控除して内閣府にて計算した。

[158] 欧州委員会は4月26日、EU財政規律枠組みの改革法案を公表したが、主な内容は、財政赤字を対GDP比3％以内に抑制するとともに債務残高対GDP比を60％以内とする現行の枠組みを維持しながらも、債務残高対GDP比が60％を超える部分について毎年5％の削減を求めるとの要件を廃止し、各加盟国の状況に応じた財政健全化を認める内容となっている。詳細は欧州委員会「Commission proposes new economic governance rules fit for the future」参照。

[159] アメリカのインフレ抑制法、半導体法の詳細は内閣府（2023）を参照。

（政府債務残高対GDP比は上昇する見通し）

　このような構造的財政収支の悪化を受けて各国の政府債務残高の対GDP比は2021年に上昇したが、2022年は景気回復と感染症対策のための大規模な財政支援の縮小等を背景に低下した[160]（第1-3-13図）。しかし、IMF (2023f)によれば、2023年には名目金利上昇に伴う利払い費の増加に加えて、これまでの物価上昇に追いつくために公務員への賃金支払や年金給付等の政府支出が増加することから、政府債務残高対GDP比は上昇するとの見通しが示されている。

　他方、IMF (2023e)では、財政政策は引締めスタンスをとる一方、生活費上昇に苦しむ層に対しては的を絞った支援をすべきであると指摘されている。また、金融資本市場におけるリスクが高まる中でも物価上昇圧力が根強い状況下では、財政引締めは経済活動を抑制し、物価安定に向けた中央銀行による利上げを小幅に抑えて金融政策を下支えする効果があるとされている。さらに、IMF (2023a)では、こうした財政健全化の取組は財政余力の構築と金融安定化に役立つと指摘されている。

第1-3-13図　IMFによる各国の政府債務残高見通し（対GDP比）

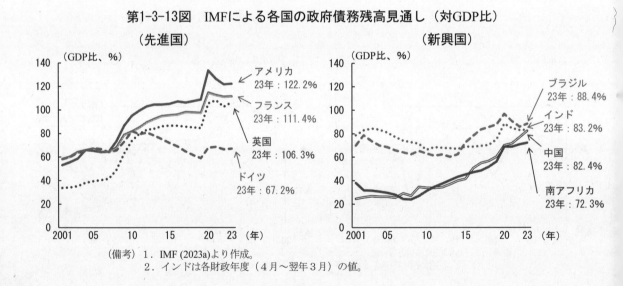

（備考）　1．IMF (2023a)より作成。
　　　　　2．インドは各財政年度（4月～翌年3月）の値。

---

[160] 詳しくは内閣府（2023）を参照。

２．先行きのリスク要因

　本項では、これまでの分析結果及び前項の世界経済の見通しを踏まえて、先行きのリスク要因について整理する。

（欧米における金融引締めに伴う景気や金融資本市場への影響）
　１節で紹介したとおり、アメリカ、ユーロ圏及び英国ともに年内に追加利上げが行われる可能性があるが、サービス価格の上昇率の高止まりや改定頻度が低いことを考慮すれば、物価上昇率が低下するには一定期間を要することから、金融引締めの継続は避けられないと考えられる。しかしながら、これまでの金融引締めの効果は時間差を伴って耐久財消費、設備投資や住宅投資等の需要に現れてくるとともに、企業収益と雇用者所得を下押しする可能性があり、各国中央銀行は引締めペースに十分に配慮すべきである。特にアメリカの設備投資については、コラム１で示したように、2023年年４－６月期は実質利子率と自然利子率の差に比べて、設備投資対GDP比は高止まりしたままとなっており、今後設備投資が急減することが懸念される。

　また、更なる金融引締めによる、CLO等の証券化商品の価格の急落を通じた、金融資本市場の変動リスクの増大にも十分留意する必要がある。

（中国の不動産市場及び地方財政の悪化による中国経済の下振れ）
　中国の不動産市場は引き続き低迷している（１章１節参照）。こうした中で、民間非金融部門の債務残高や、銀行の不良債権比率等は高止まりが続いているとともに（第1-3-14図）、地方政府の土地使用権譲渡収入の低迷や隠れ債務の増加（１章２節参照）等を背景とした持続的な需要の不足が今後とも続くことが見込まれ、その脱却は容易ではないと考えられる。また、不動産価格に持ち直しはみられるものの、地方部での実勢は弱く、また、需要不足は深刻であると見込まれる。今後、仮に一部の不動産企業、金融機関や地方財政の破綻が生じた場合には、その規模に応じ、金融収縮や消費・投資マインドの低下等を通じた景気の下押しが顕在化するリスクがある。金融機関や地方政府の債務問題は、大都市部以外の地方においてより深刻とみられることから、地方の動向を注視する必要がある。政策対応としては、問題の所在をより明らかにするための情報開示、必要に応じた資本注入や公的資金の投入等の措置が求められている。

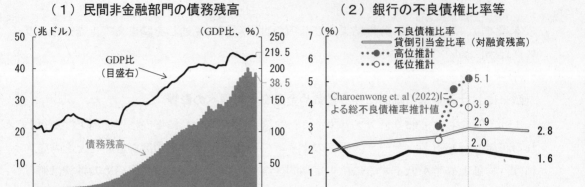

第1-3-14図　中国の不良債権問題

（1）民間非金融部門の債務残高

（2）銀行の不良債権比率等

（備考）（1）はBIS、（2）は中国人民銀行、銀行保険監督管理委員会、Charoenwong et al. (2022)より作成。

（中国の若年失業率の上昇）

　中国の都市部調査失業率は、2023年に入り5％台前半で安定的に推移しているものの、うち若年（16-24歳）の失業率は、過去最高水準[161]で推移し、2023年6月には21.3％に達した。背景としては、新規大卒生が年々大幅な増加を続ける中で[162]、ホワイトカラー職種の求人は限られるため、労働市場にミスマッチが生じていることが指摘されている。加えて、大卒以外の若年失業については、輸出の停滞が続く中で製造業の求人が十分に回復していないことの影響があるとみられている。若年失業率は、例年、大学の卒業月（6月頃）前後に高水準となり、秋頃には徐々に低下する季節性があるものの、都市部の若年求職者のうち2割前後が失業者に該当する状況[163]は、消費や不動産購入の停滞といった短期的なマクロ経済の下押し要因となるのみならず、人的資本の質の劣化に伴う生産性低迷につながり得る。さらに、婚姻率や出生率の低下を通じて、人口構造にも影響することが懸念されるところ、その中長期的な影響についても注視が必要である。

---

[161] 都市部調査失業率の発表が開始された2018年以降。

[162] 2018年820万人、2020年874万人、2022年1,076万人。2023年は1,158万人の見込み（中国教育部発表）。

[163] 若年失業率を含む都市部調査失業率については、サンプル調査であり、具体的な人数は公表されていないが、2023年6月の国家統計局記者会見では以下内容が発表された：推計によると、2023年5月時点で16-24歳の若者は9,600万人程度。その多くは学生であり、労働市場で求職しているのは3,300万人余り。このうち2,600万人余りが既に職を見つけ、600万人余りが現在求職中となっている。

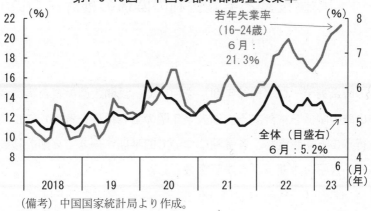

第1-3-15図　中国の都市部調査失業率

（備考）中国国家統計局より作成。

（米中貿易摩擦）

　アメリカによる中国向け半導体輸出規制措置については、中国がWTOに提訴していることもあり、当該措置の継続には不確実性もあるが、半導体製造拠点のアメリカ国内への増設の流れは財政措置もあり続く見込みである。リチウムイオンバッテリーについては北米での生産にシフトしていく見込みである。また、特定の半導体製品やサービスについてはアメリカ政府による調達制限が課されることとなっている。このように経済安全保障の観点からのアメリカ及び北米への生産拠点の増設の流れは今後も続くものと考えられ、米中貿易摩擦の解決・緩和は容易ではないものと考えられる。

　しかしながら、2023年5月のG7広島サミットのコミュニケにも示されたように、このような米中の貿易摩擦を両国の経済関係のデカップリングや各国の内向き志向の促進につなげていくことは望ましくない。むしろ経済的強靱性のためのデリスキング及び多様化につなげていくことが今後は必要であり、そのための努力が求められる[164]。

（欧州におけるエネルギー確保とウクライナ情勢）

　欧州における2023年前半における天然ガス貯蓄量と2023年ガス使用量見込みを踏まえると、現時点においては来冬の需要を賄うだけの天然ガスを確保できる可能性が高い。しかしながら、今後の天候要因等にも左右され得るため、引き続き各国ともにエネルギー使用量の削減努力に取り組むとともに、再生可能エネルギー等エネルギー源の多様化に取り組むことが必要である。なお、ウクライナ情勢が欧州におけるエネルギー問題等に大きな影響を与えるところ、その動向にも引き続き留意する必要がある。

---

[164] G7広島サミットの首脳コミュニケ（2023年5月20日）には「我々は、デカップリングまたは内向き志向にはならない。同時に、我々は、経済的強靱性にはデリスキング及び多様化が必要であることを認識する。我々は、自国の経済の活力に投資するため、個別にまたは共同で措置をとる。我々は、重要なサプライチェーンにおける過度な依存を低減する。」と盛り込まれている。

付注１－１　設備投資と実質金利の関係の推計について

１．概要

　アメリカの時系列データ（約23年間）を用いて、民間設備投資と実質金利の自然利子率からのかい離の関係を推計する。過去半年間の金利推移を考慮して企業が設備投資の意思決定を行うことを想定し、各金利について四半期ベースで２期の移動平均をとった上で、そのかい離幅の１期ラグを説明変数とした。

２．データ出所

　NY連銀によるHolston-Laubach-Williams modelsを用いた自然利子率の推計値[165]、ブルームバーグの10年物物価連動債金利、アメリカ商務省の実質GDP、実質民間設備投資（住宅を除く）。

３．推計方法

（１）OLS推計式

$$\text{Invest}_t = \beta_1 + \beta_2 R_{t-1} + \varepsilon_t$$
$$\text{Invest}_t \equiv I_t / Y_t$$
$$R_t \equiv \tilde{r_t} - \tilde{r_t^n}$$
$$\tilde{r_t} \equiv (r_t + r_{t-1})/2$$
$$\tilde{r_t^n} \equiv (r_t^n + r_{t-1}^n)/2$$

（２）推計に用いた変数の定義と内容

・tは四半期。

・Yは実質GDP。Iは実質民間設備投資（住宅を除く）。

・rは市場実質金利。10年物物価連動債金利を使用。r^n は自然利子率。

・β_1, β_2はパラメータ。εは誤差項。

---

[165] https://www.newyorkfed.org/research/policy/rstar

（3）推計期間

　2000年１－３月期～2023年４－６月期。

４．推計結果

$$\text{Invest}_t = 0.13^{***} - 0.76^{***}R_{t-1}$$

$$(0.0016) \qquad (0.14)$$

自由度修正済みR^2: 0.14

※ ***は１％水準で有意であることを示す。カッコ内はロバスト標準誤差。

付注1－2　自動車の需要関数の推計について

1．概要

　アメリカの時系列データ（約23年間）を用いて、アメリカの自動車販売台数（3か月平均前月比）と一人当たり実質可処分所得（3か月平均前月比）、実質自動車ローン金利（3か月平均前月差）、自動車価格（3か月平均前月比）、失業率（3か月平均前月比）の関係を推計する。

2．データ出所

　アメリカ商務省の自動車販売台数及び一人当たり実質可処分所得、ブルームバーグの自動車ローン金利（60か月物）、ミシガン大学の期待インフレ率（5年物）、アメリカ労働省の自動車価格（新車）の消費者物価指数、失業率。

3．推計方法

（1）OLS推計式

$$V_t = \beta_1 V_{t-1} + \beta_2 I_t + \beta_3 R_t + \beta_4 P_t + \beta_5 U_t + \varepsilon_t$$

（2）推計に用いた変数の定義と内容

・tは月。

・Vは自動車販売台数の3か月平均前月比（伸び率）。

・Iは一人当たり実質可処分所得の3か月平均前月比（伸び率）。

・Rは実質自動車ローン金利の3か月平均前月差。実質自動車ローン金利は60か月物自動車ローン金利と5年物期待インフレ率の差。

・Pは自動車価格の3か月平均前月比（伸び率）。

・Uは失業率の3か月平均前月比（伸び率）。

・$\beta_1, \beta_2, \beta_3, \beta_4, \beta_5$はパラメータ。$\varepsilon$は誤差項。

（3）推計期間

　　2000年1月～2023年5月。

4．推計結果

$$V_t = 0.36^{***}V_{t-1} + 0.23I_t - 0.010R_t - 1.00^{**}P_t - 0.16^{***}U_t$$
$$(0.087) \qquad (0.21) \quad (0.012) \qquad (0.48) \qquad (0.021)$$
$$R^2: 0.33$$

※ ***は１％、**は５％水準で有意であることを示す。カッコ内はロバスト標準誤差。

付注1-3　賃金と労働需給の関係の推計について

1．概要

　アメリカの時系列データ（約22年間）を用いて、アメリカの「転職者と継続就業者の賃金上昇率（前年比）の差（%pt）」と「労働需要と労働供給の差（%pt）」の関係を推計する。

2．データ出所

　アトランタ連邦準備銀行の追跡賃金調査、アメリカ労働省の雇用統計、JOLTSサーベイ。

3．推計方法

（1）OLS推計式

$$W_t = C + \beta_1 L_{t-1} + \varepsilon_t$$

（2）推計に用いた変数の定義と内容

・tは月。

・Wは転職者の賃金上昇率（前年比）と継続就業者の賃金上昇率（前年比）の差。

・Lは労働需要（%）と労働供給（%）の差。労働需要は（雇用者数＋求人数）／（16歳以上の全人口-農業人口）、労働供給は（労働力人口－農業人口）／（16歳以上の全人口-農業人口）でそれぞれ定義される。

・C, β_1はパラメータ。εは誤差項。

（3）推計期間　　2000年12月～2023年4月。

4．推計結果

$$W_t = 0.99^{***} + 0.21^{***} L_{t-1}$$
$$(0.048) \quad (0.023)$$
$$R^2: 0.39$$

※ ***は1％水準で有意であることを示す。カッコ内はロバスト標準誤差。

参考文献

（第1章）

猪又祐輔、大谷聡、杵渕輝、松永美幸［2016］「人民元国際化について　－これまでの取り組みと評価を中心に－」
　　　BOJ Reports & Research Papers　日本銀行国際局　2016年5月

外務省［2023］『2022年版開発協力白書　日本の国際協力』

梶谷懐［2011］『現代中国の財政金融システム　グローバル化と中央－地方関係の経済学』名古屋大学出版会

梶谷懐［2018］『中国経済講義　統計の信頼性から成長のゆくえまで』中央公論新社

河合正弘［2021］「米中の通貨・金融覇権競争」経済・安全保障リンケージ研究会　第16号　2021年3月31日
　　　https://www.jiia.or.jp/research-report/post-98.html（2023年5月2日取得）

金融庁［2023］『「諸外国における金融制度の概要に関する調査」報告書』

経済産業省［2023］『通商白書2023』

国際通貨研究所［2023］「通貨の国際化」『通貨・金融のABC』
　　　https://www.iima.or.jp/abc/ta/3.html（2023年6月12日取得）

小荷田直久、川野晋平［2022］「債務支払猶予イニシアティブ（DSSI）と債務問題の今後の展望」
　　　財務省広報誌ファイナンス　令和4年7月

齋藤潤［2023］「齋藤潤の経済バーズアイ　（第133回）労働市場からの退出：なぜ英国では増加しているのか」
　　　日本経済センター　2023年5月

財務省国際局［2021］「最近の国際金融情勢について」関税・外国為替等審議会
　　　外国為替等分科会　配布資料（資料2）　令和3年1月29日

櫻川昌哉［2022］『バブルの経済理論 = AN ECONOMIC THEORY OF BUBBLES： 低金利、長期停滞、金融劣化』
　　　日経BP日本経済新聞出版本部

佐野淳也［2021］「地方政府債務の増加が続く中国―地方融資平台が経済の不安定要因に―」
　　　『RIM　環太平洋ビジネス情報』Vol.21　No.82

神宮健、関根栄一、吉川浩史［2010］「国際化に向けて動き出した中国人民元の展望」野村資本市場研究所

曹瑞林［2019］「中国における地方税体系の現状と課題―遼寧省と大連市を中心に―」『立命館経済学』
　　　第67巻第5・6号

竹内緑［2023］「感染症拡大以降のアメリカの財輸出及び半導体の輸出規制について」内閣府今週の指標　No.1314
　　　2023年6月23日

中国汽車工業協会［2023］「中国汽車工業協会信息発布会」2023年5月11日

内閣府［2019a］『世界経済の潮流2018年Ⅱ－中国輸出の高度化と米中貿易摩擦－』

内閣府［2019b］『世界経済の潮流2019年Ⅰ－米中貿易摩擦の継続と不確実性の高まり－』

内閣府［2020a］『世界経済の潮流2019年Ⅱ－米中貿易摩擦下の世界経済と金融政策－』

内閣府［2020b］『世界経済の潮流2020年Ⅰ－新型コロナウイルス感染症下の世界経済－』

内閣府［2021］『世界経済の潮流2021年Ⅰ－ポストコロナに向けて－』

内閣府［2022a］『世界経済の潮流2021年Ⅱ－中国の経済成長と貿易構造の変化－』

内閣府［2022b］『世界経済の潮流2022年Ⅰ－世界経済の不確実性の高まりと物価上昇－』

内閣府［2023］『世界経済の潮流2022年Ⅱ－インフレ克服に向かう世界経済－』

中田理惠、長内智 [2022]「人民元決済システム（CIPS）はSWIFTの代替手段となり得るか」

　　レポート・コラム（金融・証券市場分析）　大和総研

　　https://www.dir.co.jp/report/research/capital-mkt/securities/20220928_023302.html（2023年5月8日取得）

日本銀行 [2023]「中央銀行デジタル通貨に関する日本銀行の取り組み」日本銀行決済機構局　2023年2月17日

　　https://a.msip.securewg.jp/docview/viewer/docN2075FB8BF1C002aa3686521f394a1f7e414b6d7fac19668fbcc607068ec

　　1057f97e18bfa21a4（2023年5月1日取得）

日本国際問題研究所 [2023]「経済・安全保障リンケージ研究会最終報告書」2023年3月22日

　　https://www.jiia.or.jp/research/JIIA_Economic_Security_research_report_2023.html（2023年5月8日取得）

日本貿易振興機構 [2023]「為替市場と決済の両面で人民元需要がロシアで高まる」ビジネス短信　2023年3月9日

　　https://www.jetro.go.jp/biznews/2023/04/9c92ceb88cc3ca19.html（2023年4月19日取得）

野木森稔 [2023]「人民元国際化の動向：追い風を上回る逆風」アジア・マンスリー Vol.23　No.267

　　日本総研調査部　2023年6月

服部孝洋 [2022a]「バーゼル規制入門―自己資本比率規制を中心に―」財務省広報誌ファイナンス令和4年10月号

服部孝洋 [2022b]「AT1債およびバーゼルIII適格Tier2債（BIIIT2債）入門―バーゼルIII対応資本性証券

　　（ハイブリッド証券）について―」財務省広報誌ファイナンス令和4年12月号

服部孝洋 [2023]「資本保全バッファー（CCB）およびカウンターシクリカル・バッファー（CCyB）入門

　　―バーゼル規制における資本バッファーを通じた「プロシクリカリティ」の緩和について―」

　　財務省広報誌ファイナンス令和5年1月号

本田真理子 [2023]「中国の財輸出入の動向」内閣府今週の指標　No.1307　2023年4月24日

Aladangady, A. et al. [2022] "Excess Savings during the COVID-19 Pandemic", FEDS Notes, October 21, 2022.

Bernstein, J. [2022] "US Macro in Transition", ESRI国際コンファレンス2022「ポストコロナの経済社会」基調報告,

　　December 15, 2022

　　ttps://www.esri.cao.go.jp/jp/esri/workshop/221215/pdf/esri2022_keynote_slides.pdf　（2022年12月19日取得）

CBO [2023a] Federal Debt and the Statutory Limit, May 2023.

CBO [2023b] How the Fiscal Responsibility Act of 2023 Affects CBO's Projections of Federal Debt, June 2023.

CEA [2023] "Economic Report of the President", March 2023.

Charoenwong, B. et al. [2022] "Non-Performing Loan Disposals without Resolution", SSRN, May 11, 2022 version.

　　https://papers.ssrn.com/sol3/papers.cfm?abstract_id=3662344　（2023年7月27日取得）

Feng, A. and L. Wright, [2023] "Tapped Out", Note, Rhodium Group, June 2023.

FRB [2023] Financial Stability Report, May 2023.

Gallagher, K. P. et al. [2023] "Debt Relief for a Green and Inclusive Recovery –Guaranteeing Sustainable Development",
　　April 2023.
　　https://a.msip.securewg.jp/docview/viewer/docN3B450394BB30c4d74df042e57570cedfaba8c07327aa19b23a27d276d5a
　　9204c3eb560f138ce　（2023年5月8日取得）

Georgieva, K. and C. Pazarbasioglu, [2021] "The G20 Common Framework for Debt Treatments Must Be Stepped Up",
　　December 2021.
　　https://www.imf.org/en/Blogs/Articles/2021/12/02/blog120221the-g20-common-framework-for-debt-treatments-must-be-
　　stepped-up　（2023年7月7日取得）

Grigoli, F. and D. Sandri, [2022] "Monetary Policy and Credit Card Spending", *IMF Working Paper WP/22/255*, December 2022.

Holston, K. et al. [2017] "Measuring the Natural Rate of Interest: International Trends and Determinants", *Journal of International*

　　Economics, Vol. 108, p59–75.

IEA [2023] Gas market report Q2-2023, May 2023.

IMF [2019] "People's Republic of China: 2019 Article IV Consultation-Press Release; Staff Report; Staff Statement and Statement by the Executive Director for China", *IMF Country Report No.19/266*, August 2019.

IMF [2021] *Global Financial Stability Report: COVID-19, Crypto, and Climate: Navigating Challenging Transitions*, October 2021.

IMF [2022] *World Economic outlook: Countering the Cost-of-Living Crisis*, October 2022.

IMF [2023a] *Fiscal Monitor: On the Path to Policy Normalization*, April 2023.

IMF [2023b] *Global Financial Stability Report: Safeguarding Financial Stability amid High Inflation and Geopolitical Risks*, April 2023.

IMF [2023c] "People's Republic of China: 2022 Article IV Consultation-Press Release; Staff Report; and Statement by the Executive Director for the People's Republic of China", *IMF Country Report No.23/67*, February 2023.

IMF [2023d] *World Economic outlook: Inflation Peaking amid Low Growth*, January 2023.

IMF [2023e] *World Economic outlook: A Rocky Recovery*, April 2023.

IMF [2023f] *World Economic outlook: Near-Term Resilience, Persistent Challenges*, July 2023.

Jin, H. and I. Rial, [2016] "Regulating Local Government Financing Vehicles and Public-Private Partnerships in China", *IMF Working Paper WP/16/187*, September 2016.

Manzi, P. [2023] "NADA Market Beat" April 2023.

NAHB [2023] "Builder Confidence Moves into Positive Territory in June", June 19, 2023
https://www.nahb.org/news-and-economics/press-releases/2023/06/builder-confidence-moves-into-positive-territory-in-june （2023年7月3日取得）

OECD [2019] *Negotiating Our Way Up: Collective Bargaining in a Changing World of Work*, November 2019.

OECD [2022] *OECD Economic Outlook, Vol. 2022 Issue 2*, November 2022.

OECD [2023] *OECD Economic Outlook, Vol. 2023 Issue 1*, June 2023.

PBC [2023] "MOFCOM and PBC issue the Notice on Further Supporting Foreign Economic and Trade Enterprises in Expanding the Cross-border Use of Renminibi to Facilitate Trade and Investment", Financial Services section, January 11, 2023.
http://www.pbc.gov.cn/en/3688241/3688636/3688654/4769987/index.html （2023年6月8日取得）

Sheiner, L. and N. Salwati, [2022] "How Much is Long COVID Reducing Labor Force Participation? Not Much (So Far)", Hutchins Center Working Paper No.80.

Stamer, V. [2021] "Thinking Outside the Container: A Sparse Partial Least Squares Approach to Forecasting Trade Flows", Kiel Working Paper, January 2021.

Wicksell, J. G. K. [1898] *Geldzins und Güterpreise*, 1936 translation from 1898 text, p.102.

Zachmann, G. et al. [2023] "European natural gas imports", Brugel.
https://www.bruegel.org/dataset/european-natural-gas-imports （2023年7月24日取得）

第2章

インドの発展の特徴と課題

第 2 章

インドの発展の特徴と課題

第2章　インドの発展の特徴と課題

　本章では、インドの経済発展の特徴と課題について、中国やASEANとも比較しつつ確認する。１節では、インドの経済成長に大きな影響を与えている貿易構造と人口動態を確認する。２節では、インドの製造業の発展を妨げている要因と産業・通商政策に加え、インドの発展の可能性を広げているIT・サービス産業や新技術の活用の動向を確認する。３節ではこれらを総括し、世界経済への含意を考察する。

第１節　貿易構造と人口動態からみたインドの経済成長の特徴

　本節においては貿易構造と人口動態からみたインドの経済成長の特徴を確認する。貿易面からみると、中国やASEANが「世界の工場」としての道をたどってきたのに対し、グローバル・バリュー・チェーン（GVC）へのインドの参画は途上であり、中国から機械製品等を輸入する関係が近年更に強まっていることが確認できる。また、人口動態からみると、先行の新興国が終えている「人口ボーナス」をインドは引き続き享受しており、生産年齢人口比率は2030年頃にピークを迎えるものの、その後の同比率の低下は緩やかなものにとどまると見込まれていることの含意について検討する。

１．インド経済の位置付け
（人口規模に比して、経済規模は発展途上）

　まず最初に、インドと中国について、人口や経済の基礎的な統計を比較することで外形的な特徴を確認しよう。国連の人口推計[166]によると、インドの人口は2021年時点で14.08億人（世界人口の17.8%）に達し、中国の14.26億人（同18.0%）とおおむね同規模となっている（第2-1-1図）。なお、ASEAN[167]の人口は6.74億人（同8.5%）であり、中国やインドの半分程度にとどまる。また、インドの人口は2023年までに中国を上回り世界最多となる見込みである（第2-1-2表）[168]。

　このように中国、インドの人口はそれぞれ世界の２割弱を占めるものの、GDPについては、2022年時点で中国の世界シェアは18.1%であるのに対し、インドは3.4%にとど

---

[166] United Nations (2022)、以下「国連2022」という。
[167] 東南アジア諸国連合（Association of South East Asian Nations）。東南アジアの10か国（ブルネイ、カンボジア、インドネシア、ラオス、マレーシア、ミャンマー、フィリピン、シンガポール、タイ、ベトナム）で構成される。
[168] United Nations Population Fund (2023) は、2023年の年央時点の人口を予測し、インドが中国を上回るとした。一方、中国国家統計局の発表値が国連推計を大幅に下回ったことから、インドの人口は2022年時点で中国を上回っていた可能性も指摘されている。国連推計と中国国家統計局の値には過去の値も含め傾向的にかい離があるが、その要因は明らかにされていない。本章では、将来推計との接続性の観点から、主に国連推計（2022年9月）を参照する。

まり、GDPシェアでみるプレゼンスはまだ高くない（第2-1-3図）。なお、ASEANは
3.6％であり、インドはおおむねASEANと同規模となっている。

　IMFは、インドのGDPは2022年に英国を上回り世界5位となり（市場レートベース）、
今後も着実に経済規模が拡大する見込みとしている（第2-1-4図）[169]。しかしながら、
インドは一人当たりGDPでみると経済発展は途上である。OECDの長期推計[170]によれば、
インドの一人当たり実質GDP（2015年価格）は2060年時点でもOECD平均との差は埋ま
らず、世界平均及びG20途上国平均を下回る状況が続く見込みとなっている（第2-1-5
図）。

　2003年のいわゆる「BRICSレポート[171]」以来、インドの発展可能性は指摘されて久し
いものの、これまでの実績はかつて期待されていたような高成長パスからはやや下回っ
て推移している[172]。政府目標としている製造業のGDP構成比の引上げも順調には進んで
おらず[173]、インドへの外資企業の進出や直接投資の引上げも道半ばであること（2章2
節参照）等を踏まえると、可能性と同時に解決が容易ではない課題の存在が示唆されて
いる。2022年8月のインド独立75周年記念式典において、モディ首相は「25年後（2047
年）までに先進国入りを目指す」との決意を表明したところ、同目標の達成には成長の
加速が必要となる。

第2-1-1図　世界の人口の推移

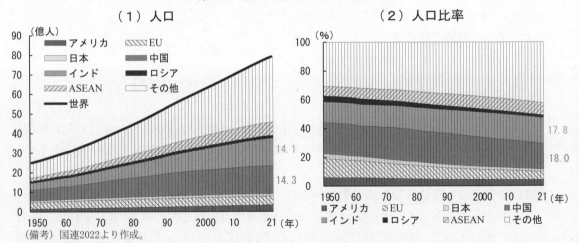

（1）人口　　　　　　　　　　　　　　　　（2）人口比率

（備考）国連2022より作成。

[169] IMF (2023)は、インドのGDPは2027年に日本を上回り世界3位になる見込みとしている（市場レートベース）。
[170] Guillemette and Turner (2021)、以下「OECD2021」という。
[171] Wilson and Purushothaman (2003).
[172] Daly and Gedminas (2022).
[173] 2014年に製造業を強化する政策「メイク・イン・インディア」を発表し、当時16.5％であった製造業比率を2022
年までに25％に引き上げることを目標としたが、2022年の実績は15.8％とやや低下しており、目標達成期限は2025年
に延長されている。

第2-1-2表　中国とインドの人口データ・推計値の比較

(億人)

	中国			インド	
	国連推計		国家統計局	国連推計	
	(2022年9月)	(23年4月)	(23年2月)	(22年9月)	(23年4月)
2020年	14.2493		14.1178	13.9639	
21年	14.2589		14.1260	14.0756	
22年	14.2589		14.1175	14.1717	
23年	14.2567	14.2570		14.2863	14.2860
24年	14.2518			14.4172	

(備考)国連推計は、2022年9月は国連人口推計、2023年4月は国連人口基金の推計(年央値)。
　　　　中国国家統計局は、2020年は全数調査、21、22年はサンプル調査に基づく値(年末値)。
　　　　インドでは国勢調査がコロナ禍で延期され(直近実施は2011年、次回は2024年実施予定)、
　　　　政府当局は近年の総人口を発表していない。

第2-1-3図　各国の名目GDPシェアの推移

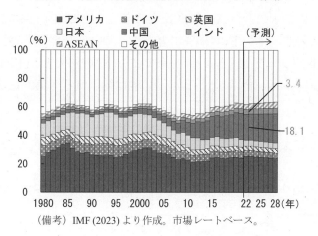

(備考)IMF(2023)より作成。市場レートベース。

第2-1-4図　各国の名目GDP規模の推移

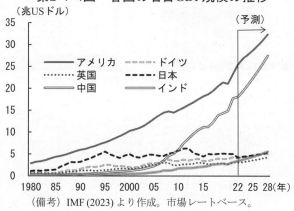

(備考)IMF(2023)より作成。市場レートベース。

第2-1-5図　各国・地域の一人当たり実質GDPの長期推計

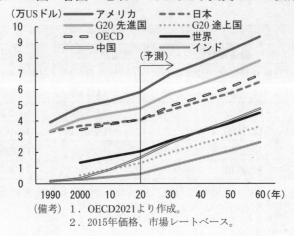

（備考）1．OECD2021より作成。
　　　　2．2015年価格、市場レートベース。

（人口規模に比して、世界財貿易に占めるインドのシェアは小さい）

　インドのこれまでの発展の遅れの一つの背景には、輸出の伸び悩みがあるとみられる。
世界の財輸出全体に対する各国の構成比をみると、2022年時点で、中国の14.6%、
ASEANの7.9%に対し、インドは1.8%にとどまっている（第2-1-6図）。

　一方、輸入の世界シェアは、2022年時点でインドは2.6%と、中国の9.3%、ASEAN
の7.9%には劣るものの、輸出に比べるとその差は縮小する（第2-1-7図）。

第2-1-6図　各国・地域の財輸出（対世界）

（1）金額　　　　　　　　　　　　　　　（2）構成比

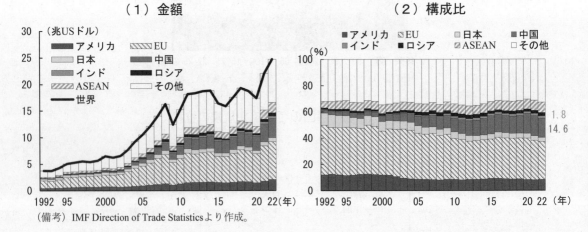

（備考）IMF Direction of Trade Statistics より作成。

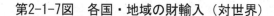

第2-1-7図　各国・地域の財輸入（対世界）

（1）金額　　　　　　　　　　　　　　　　　（2）構成比

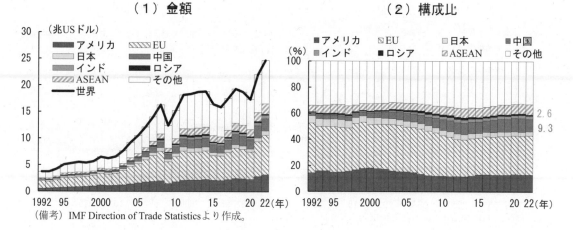

（備考）IMF Direction of Trade Statistics より作成。

（輸出先をみると、中国に比べて先進国やアジア向けのシェアが低い）

　各国・地域の財輸出の規模と輸出相手国の金額及び構成比をみると、中国とASEAN
は金額及び構成比ともに相互に増やし、輸出規模全体を拡大させてきた。他方、インド
は貿易自由化が1991年7月に始まり[174]、この30年間で対中・対ASEAN輸出は金額面は
増やすことができたものの、構成比においては2000年代半ば以降はおおむね横ばいにと
どまっている。また、2000年代の中国、インドの輸出先構成比をみると、中国は米、欧
向けの輸出比率が高まったが、インドは同比率が低下した。インドは中国に比べ、先進
国向けの財輸出が少なく、結果としてその他の国々への輸出比率が高まったとみられる
[175]。なお、近年は、中国の欧米向け輸出比率は対米貿易摩擦の影響もある中で横ばいと
なる一方、インドの欧米向け輸出比率は上昇に転じており、傾向に変化がみられている
（第2-1-8図、第2-1-9図、第2-1-10図）。

---

[174] インドは1990年の湾岸危機を契機として国際収支危機に陥ったことから、1991年7月以降経済改革を進め、国家
主導の輸入代替工業化から転換し、貿易自由化・資本自由化等を進めた（佐藤（2009））。
[175] インドの輸出先の国別順位（2022年）は、(1)アメリカ、(2)UAE、(3)オランダ、(4)中国、(5)バングラデシュ、
(6)シンガポール、(7)英国、(8)ドイツ、(9)サウジアラビア、(10)トルコ、(11)インドネシア、(12)香港、(13)ベル
ギー、(14)ブラジル、(15)ネパール。

第2-1-8図　インドの財輸出

（1）金額

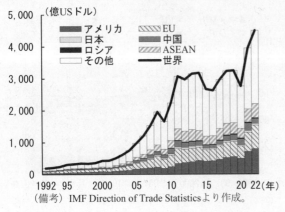

（2）構成比

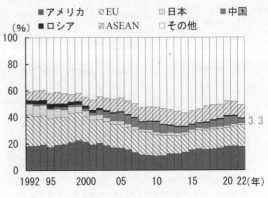

（備考）IMF Direction of Trade Statistics より作成。

第2-1-9図　中国の財輸出

（1）金額

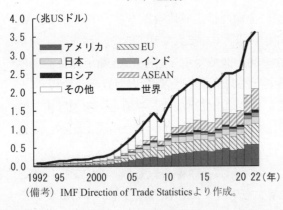

（2）構成比

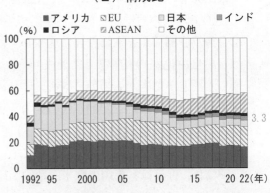

（備考）IMF Direction of Trade Statistics より作成。

第2-1-10図　ASEANの財輸出

（1）金額

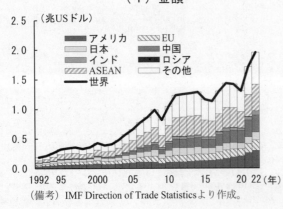

（2）構成比

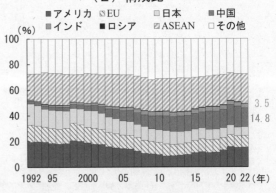

（備考）IMF Direction of Trade Statistics より作成。

Box. 経済成長には内需の増加に加えて輸出を伸ばすことが重要

　インド、中国及びタイの経済成長における内需・外需の寄与をみると、おおむね内需の拡大により経済成長を促進する中で、輸出を伸ばし経済成長を達成していることが分かる（図1）。高い成長を実現するためには、自国の成長力に加え、貿易を通じて他国の成長力を適切に取り込むことが重要であると考えられる。

図1　各国の経済成長における内需・外需の寄与

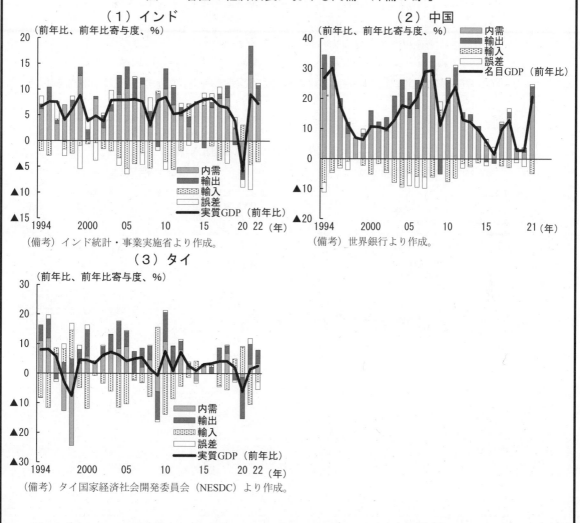

（1）インド
（前年比、前年比寄与度、%）
（備考）インド統計・事業実施省より作成。

（2）中国
（前年比、前年比寄与度、%）
（備考）世界銀行より作成。

（3）タイ
（前年比、前年比寄与度、%）
（備考）タイ国家経済社会開発委員会（NESDC）より作成。

（輸入先をみると、ASEANやアメリカ同様に中国のウェイトが高まっている）

　次にアメリカ、中国、ASEAN及びインドの財輸入における各国のシェアを確認する。アメリカの2022年の輸入におけるシェアはインドが2.5％、中国が18.2％、ASEANが9.2％となっている（第2-1-11図）。2018年の比率（インド2.1％、中国19.5％、ASEAN6.6％）と比べると、米中摩擦を受けて中国のシェアが低下する中で、受け皿としてのASEANのシェア上昇がみられるが、インドのシェアはほぼ横ばい程度にとどまり、貿易拡大の機会には必ずしもつながっていない。

　また、中国の2022年の輸入に占めるインドのシェアは0.7％にとどまり、ASEAN（12.6％）との差が顕著である（第2-1-12図）。ASEANの2022年の輸入に占めるシェアでは、インドの2.2％に対し、中国は29.3％に及んでいる（第2-1-13図）。

　一方でインドは、中国からの輸入が18.4％を占めている（第2-1-14図）。このように中国、インド両国間の貿易は、輸入においてはインドの中国に対する一方向的な関係となっていることが分かる。

第2-1-11図　アメリカの財輸入

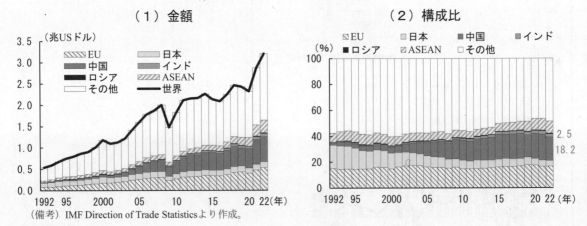

（1）金額　　　　　　　　　　　　（2）構成比

（備考）IMF Direction of Trade Statisticsより作成。

第2-1-12図　中国の財輸入

（1）金額

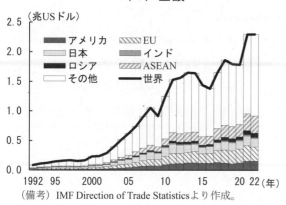

（2）構成比

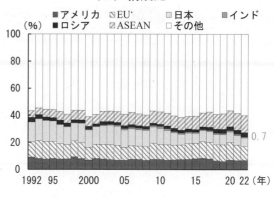

（備考）IMF Direction of Trade Statistics より作成。

第2-1-13図　ASEANの財輸入

（1）金額

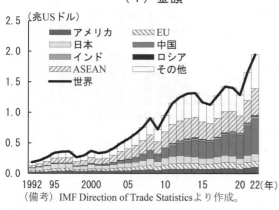

（2）構成比

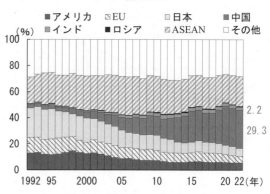

（備考）IMF Direction of Trade Statistics より作成。

第2-1-14図　インドの財輸入

（1）金額

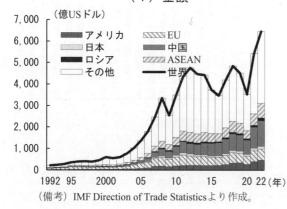

（2）構成比

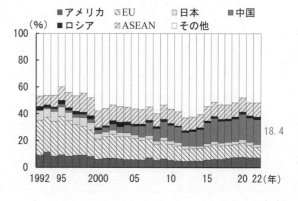

（備考）IMF Direction of Trade Statistics より作成。

２．グローバル・バリュー・チェーン（GVC）からみた輸出の特徴

（輸出規模の違いの背景には製造業シェアの伸び悩み）
　このように、世界各国に対する輸出規模は、中国、インド両国で好対照となっているが、どのような背景があるだろうか。両国の産業別構成比（３部門）をみると、GDPに占める第二次産業比率[176]が、インドは28.5％、中国は39.9％と構成比が10％以上差が開いており、インドは中国に比べ工業化に遅れがみられる（第2-1-15図）。さらに、部門別構成比（10部門）をみると、製造業のシェアはインドは15.8％と、中国の27.7％に比べ低い。インドは、製造業のシェアを2025年までに25％に引き上げることを目指しているものの[177]、これまでのところ順調には進んでいない。

第2-1-15図　インドと中国の産業別構成比

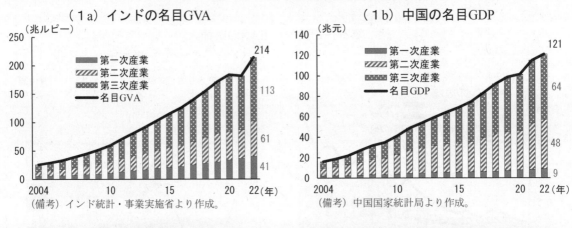

（１a）インドの名目GVA　　　　　　（１b）中国の名目GDP

（備考）インド統計・事業実施省より作成。　　（備考）中国国家統計局より作成。

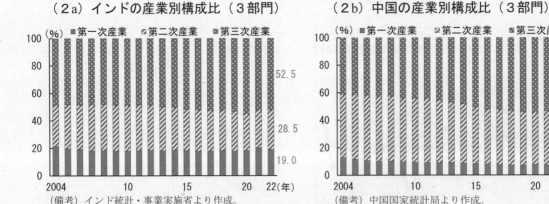

（２a）インドの産業別構成比（３部門）　　（２b）中国の産業別構成比（３部門）

（備考）インド統計・事業実施省より作成。　　（備考）中国国家統計局より作成。

---

[176] 第二次産業の内訳（2022年の構成比）は以下のとおり。インド：鉱業2.0％、製造業15.8％、エネルギー・水供給業2.6％、建設業8.1％。中国：製造業27.7％、建設業6.9％、その他工業（鉱業、エネルギー・水供給業）5.3％。
[177] 2014年に発表した「メイク・イン・インディア」政策において打ち出し（２章２節）。

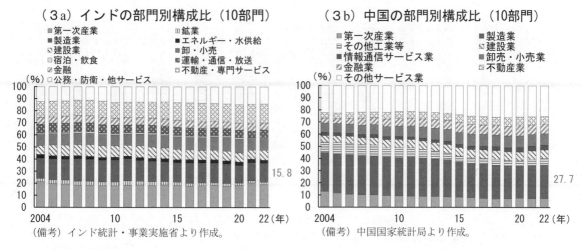

（３ａ）インドの部門別構成比（10部門）

凡例:
- ▦ 第一次産業
- ▨ 製造業
- ▥ 建設業
- ▢ 宿泊・飲食
- ▨ 金融
- ▥ 公務・防衛・他サービス
- ▱ 鉱業
- ■ エネルギー・水供給
- ▤ 卸・小売
- ■ 運輸・通信・放送
- ▨ 不動産・専門サービス

15.8

2004　10　15　20　22（年）

（備考）インド統計・事業実施省より作成。

（３ｂ）中国の部門別構成比（10部門）

凡例:
- ▦ 第一次産業
- ▥ その他工業等
- ▨ 情報通信サービス業
- ▨ 金融業
- □ その他サービス業
- ■ 製造業
- ▨ 建設業
- ■ 卸売・小売業
- ▨ 不動産業

27.7

2004　10　15　20　22（年）

（備考）中国国家統計局より作成。

　インドの製造業部門の伸び悩みの傾向は、就業者の構成比でもみられる。まず、インドの就業者比率は、2010年時点でも農業が54.7％と依然高い[178]。製造業の就業者比率は11.6％と、中国（19.2％）やタイ（14.1％）に比べ低い。また、インドの1960年の水準と比較しても２ポイントの上昇にとどまっており、工業化のペースが緩慢であることが表れている。なお、インドで製造業よりも発展が進んでいるとされるサービス業の就業者比率も、中国やタイに比べて低い（第2-1-16図）。こうした就業者の農業部門における滞留は、マクロ経済の生産性の改善を停滞させる可能性があり、農業改革とそれによる雇用の流動化を進めていく必要性が示唆されている（後掲第2-1-35図）。

第2-1-16図　インド、中国、タイの就業者構成比

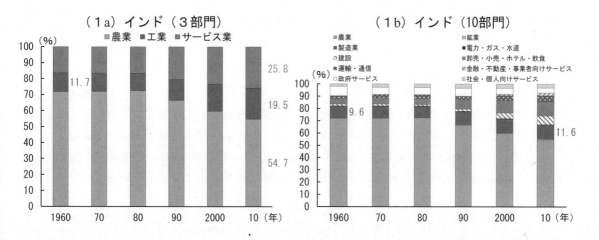

（１ａ）インド（３部門）

凡例:
- ▨ 農業
- ■ 工業
- ▨ サービス業

11.7

25.8
19.5
54.7

1960　70　80　90　2000　10（年）

（１ｂ）インド（10部門）

凡例:
- ▨ 農業
- ■ 製造業
- ▨ 建設
- ▨ 運輸・通信
- □ 政府サービス
- □ 鉱業
- ■ 電力・ガス・水道
- ▨ 卸売・小売・ホテル・飲食
- ▨ 金融・不動産・事業者向けサービス
- ▨ 社会・個人向けサービス

9.6

11.6

1960　70　80　90　2000　10（年）

[178] 世界銀行のデータでは、2021年の３部門別の就業者比率は、(1)インド：第一次44.0％、第二次25.3％、第三次30.7％。(2)中国：第一次24.4％、第二次28.2％、第三次47.4％。10部門別のデータは未発表。

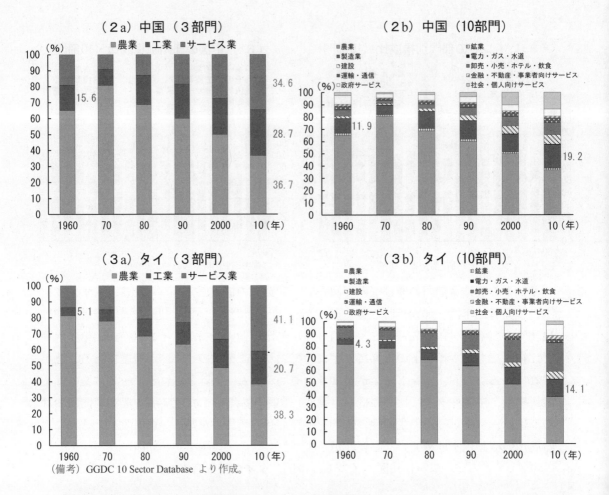

（2a）中国（3部門）

（2b）中国（10部門）

（3a）タイ（3部門）

（3b）タイ（10部門）

（備考）GGDC 10 Sector Database より作成。

（輸出品目別にみると、機械製品へのシフトが緩慢）

　以上のような製造業の停滞を背景として、世界におけるインドの輸出シェアも伸び悩んでいるが、輸出品目にはどのような特徴がみられるだろうか。

　フランス国際経済予測研究センター（CEPII）の貿易データベース（BACI）を用いて、HSコード6桁ベース（約5,000品目）でインドの輸出品目を業種ごとに分類すると、2001年、2011年、2021年の3時点において、以下の傾向が確認できる（第2-1-17図）。

　（ⅰ）食料、鉱物、金属製品[179]等、一次産品の比率が約50％に及んでいる（2001年44.1％、2021年50.5％）。

　（ⅱ）衣料品・靴等の軽工業製品のシェアは過去20年間で低下している（2001年30.1％、2021年11.8％）。

───────────────
[179] 金属製品には貴金属も含まれており、インドでは宝石（ダイヤモンド等）の輸出が盛んとなっている。

（ⅲ）化学工業製品、輸送機器のシェアは高まっている（2001年13.4％、2021年21.1％）。一方で機械・電気機器のシェアはわずかにしか上昇していない（2001年7.7％、2021年11.2％）。

（ⅳ）こうした傾向は、対中国で更に顕著となっている。機械・電気機器のシェアは2021年時点で8.9％と、2001年（2.2％）に比べれば上昇しているものの、低水準にとどまっている。

第2-1-17図　インドの財輸出（品目別シェア・金額ベース）

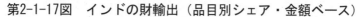

（１）対世界

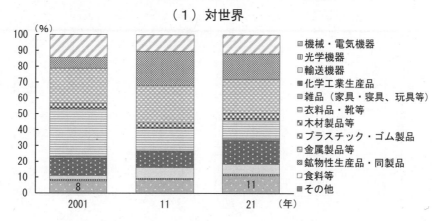

（２）対中国

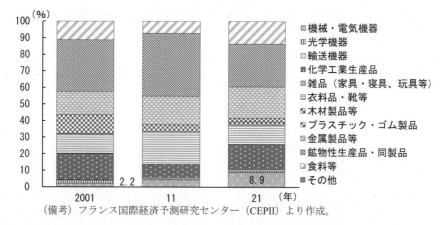

（備考）フランス国際経済予測研究センター（CEPII）より作成。

（輸出品の要素集約度別にみると、資本集約財への重点シフトが緩慢）

　また、輸出品目を集約財別の５分類（(1)資本集約的（高スキル）財、(2)資本集約的（中スキル）財、(3)資本集約的（低スキル）財、(4)資源集約的財、(5)労働集約的財）に分類すると、以下の特徴が確認できる（第2-1-18図）。

（i）インドの輸出品目は、近年、資本集約的財の比率が上昇している。ただし2021年
　　時点で45.3％（うち高スキルが23.4％）と、中国（75.3％、うち高スキル42.6％）
　　やベトナム（62.5％、うち高スキル46.8％）に比べると低水準となっている。

（ii）資源集約的財の比率は、依然として高い。

（iii）労働集約的財の比率は、過去10年で横ばいとなっている。

　以上より、インドの輸出品目の資本集約財への重点シフトは中国及びベトナムに後れ
を取っていると考えられる[180]。

第2-1-18図　財輸出の品目の比率（集約財別・金額ベース）
（1）インド　　　　　（2）中国　　　　　（3）ベトナム

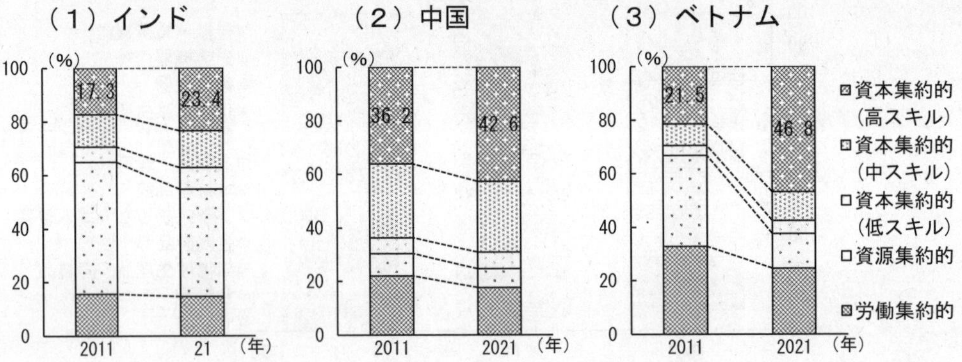

（備考）フランス国際経済予測研究センター（CEPII）より作成。

（GVC上、インドは部品・原材料、アウトソーシング等の前方参画率が高め）

　こうした輸出品目の構成（強みと弱み）の中で、インドは国境をまたぐ製造過程
（GVC）にどのように参画しているだろうか。アジア開発銀行（ADB）が推計した
GVCへの前方参画率（部品・原材料等の上流工程）、後方参画率（組立等の下流工程）
の2010年→2015年→2020年の推移をみると、以下の特徴が確認される（第2-1-19図）。

（i）製造業（低技術）、製造業（中・高技術）双方において、インドはASEAN諸国に
　　比して後方参画率が低水準となっており、下流の組立工程においてはASEAN諸国
　　のような強みを発揮できていない[181]。

---

[180] インドの輸出品目の各集約財における具体的品目の例は以下のとおり：(1)資本集約的（高スキル）財：医薬品、化合物（キシレン、ベンゼン）等、(2)資本集約的（中スキル）財：自動車、自動車部品等、(3)資本集約的（低スキル）財：鉄、金属半製品等、(4)資源集約的財：ダイヤモンド、石油製品等、(5)労働集約的財：綿、リネン等。

[181] 一般に、製造工程の前段階（R&D、部品製造等）は付加価値が高く、後段階（組立等）は付加価値が低いとされる（いわゆるスマイルカーブ）。工業化の初期段階では、技術的な要求水準が相対的に低い組立工程等により、GVCへの後方参画率を高める例が多い。なお、前方参画率については、インドは中国や日本と同様の水準になっているが、部品製造よりも原材料供給の比率が高いことに留意が必要である。

（ⅱ）他方、サービス業においてはインドは上流工程の比率が高く、IT 技術を活かし
　　たビジネス・アウトソーシング業の強みが発揮されているが、2015～2020 年にかけ
　　ては後方参画率が上昇している[182]。

第2-1-19図　GVCへの参画率
（ⅰ）製造業（低技術）

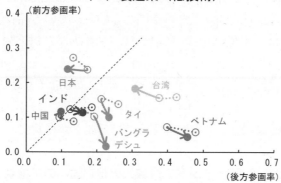

（ⅱ）製造業（中・高技術）

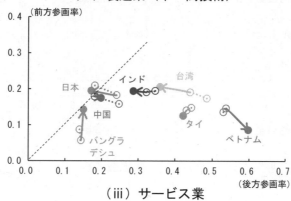

（ⅲ）サービス業

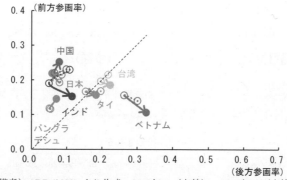

（備考）ADB (2022) より作成。2010年→（点線）→2015年→（実線）→2020年の値。

---

[182] IT産業に強みのあるインドは、製造業とは逆に、より付加価値の高い前方工程（システム開発等）での参画率を
高める余地があると考えられる。インドのIT、サービス業については2章2節参照。

3．ウェイトが高まる中国からの輸入の特徴

（中国からの輸入ウェイトが近年更に上昇）

　ここまでインドの輸出品目についてみてきたが、輸入品目についてはどのような特徴がみられるだろうか。輸出品目と同様に、HSコード6桁ベース（約5,000品目）で輸入品目を整理すると、輸入先の特定国への集中が進んでいる状況が確認できる（第2-1-20図）。ある品目の輸入額の50%以上を特定国から輸入している品目（集中的供給財）の数は、2001年時点では、1位の中国（284品目、全体の5.7%相当）、2位のアメリカ（258品目、5.2%）、3位のドイツ（149品目、3.0%）の上位3か国の中で大きな差はなかったが、2011年には中国の比率が大きく上昇し（978品目、21.0%）、中国への依存が大幅に高まった。さらに、2021年には中国の比率が更に上昇しており（1,288品目、27.9%）、中国からの輸入ウェイトが高まっていることが確認できる。

第2-1-20図　インドの財輸入の特定国への集中状況

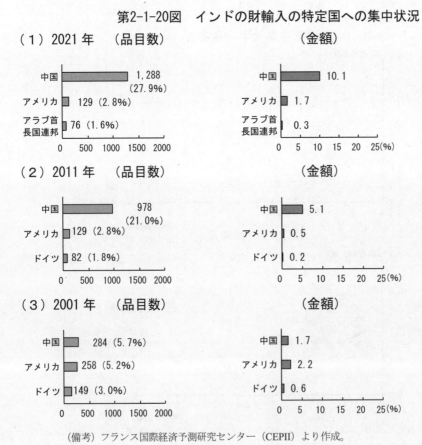

（1）2021年　（品目数）　　　　　　　　　（金額）

（2）2011年　（品目数）　　　　　　　　　（金額）

（3）2001年　（品目数）　　　　　　　　　（金額）

（備考）フランス国際経済予測研究センター（CEPII）より作成。

（輸入品目別にみると、機械・電気機器の輸入が増加）

　インドの輸入はどのような品目で中国への集中がみられるのだろうか。まず、インドの輸入全体（対世界）の過去20年の傾向をみると、輸出品目と同様に、鉱物・金属関連の製品が5割程度を占めている（第2-1-21図）。機械・電気機器のシェアは2割程度で横ばいとなっている。次に、インドの対中輸入を確認すると、過去20年で鉱物・金属関連の製品の比率は低下する一方、機械・電気機器のシェアが大幅に高まっている（2001年22%、2011年42%、2021年49%）。2001年時点では対世界、対中国で同程度であったことを踏まえると、インドは機械・電気機器の輸入で中国への集中を急速に高めたことが分かる[183]。

第2-1-21図　インドの財輸入（品目別シェア・金額ベース）

（1）対世界

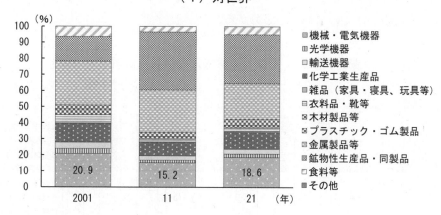

（2）対中国

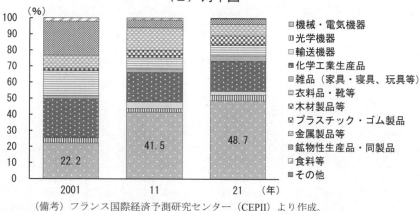

（備考）フランス国際経済予測研究センター（CEPII）より作成。

---

[183] 坂本（2021）は、インドの中国からの輸入超過は電気機器（HSコード85）の比率が大きく、特に携帯電話を含む電気機器が対中貿易赤字全体の4割前後を占めると指摘している。

（輸入品を要素集約度別にみると、資本集約財が増加）

　インドの輸入品目の集約財分類をみると、全体（対世界）では資源集約財が大宗を占める状況が続いている一方で、対中国では資源集約財のシェアは過去20年低下を続けており、代えて資本集約財（高スキル、中スキル）のシェアが大幅に高まっている（第2-1-22図）。

　インドの輸出品目においては、対中国では依然として資源集約財が多く、資本集約財（高スキル、中スキル、低スキル計）のシェアは、2021年時点で37.0%（うち高スキル23.1%）と、2001年時点の39.4%（うち高スキル30.9%）と同程度にとどまっており、対世界（2021年時点で45.3%（うち高スキル23.4%））と比べても低い（第2-1-23図）。

　以上から、インドは製造業を中心とする資本集約財について、輸入面では中国への集中が高まっており、輸出面では（対世界ではシェアが高まっているものの）対中国ではシェアを高められていないことが分かる。

第2-1-22図　インドの財輸入の品目（集約度別比率）

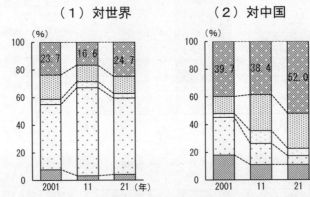

（備考）フランス国際経済予測研究センター（CEPII）より作成。

第2-1-23図　インドの財輸出の品目（集約度別比率）

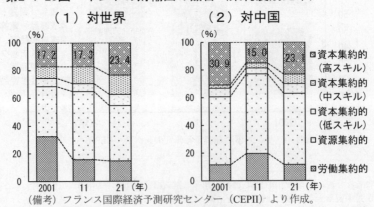

（備考）フランス国際経済予測研究センター（CEPII）より作成。

4. インドの将来人口推計からみる成長の可能性

　ここまでインドの貿易構造を概観してきたが、中国にみられたような貿易を梃子にして、豊富な労働力を活かしたダイナミックな生産構造の変化と成長はみられなかった。もっとも、貿易を梃子にした成長といっても、製造業に限らずサービス業も含め、生産活動の基礎になるのは労働力であり、今後の中長期的な成長には人口動態が重要となる。インドではどのような特徴がみられるのであろうか。以下では、中国との比較をしつつ、成長と人口の関係を整理しよう。

（中国とインドの成長率水準は逆転）

　まず、インドと中国の長期的な成長率を比較すると、1980年から2010年までの間、インドの成長率は中国の成長率を下回る状況が続いた（第2-1-24図）。2010年代は、中国の成長率の低下傾向もあり、中国、インド両国の成長率はおおむね同程度で推移した。2020年以降は、感染症拡大の影響等により両国の成長率は大幅に変動したが、2022年の成長率はインドは2000年代以降の平均的な成長率と同程度の7.2%[184]となった一方で、中国は成長率が感染症拡大前よりも低下し3.0%となった。IMFは、2023～2028年の成長率については、インドが横ばい傾向で推移する中で中国の成長率は低下し続けることから、インドが中国を上回る状況が続くと予測している。

第2-1-24図　実質GDP成長率の推移

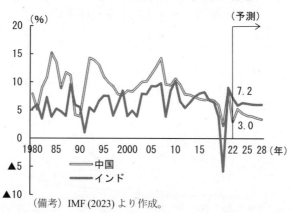

（備考）IMF (2023) より作成。

　ただし、両国の経済規模には依然として大きな差があり、2022年時点の名目GDP（市場レートベース）で、インドは3.4兆ドルと、中国（18.1兆ドル）の18.7%相当にとどまる（第2-1-25図）。IMFの予測によれば、今後インドの成長率が中国を上回るとして

---

[184] 2022年度（4月始まり）の実績値。IMF (2023)の予測値は6.8%。

も、経済規模のキャッチアップは緩慢なものとなり、2028年時点でインドの経済規模は
中国の20.3％相当にとどまる見込みである。

第2-1-25図　名目GDPの推移

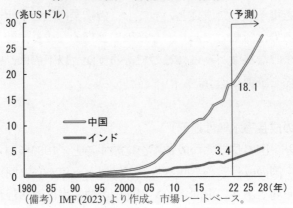

（備考）IMF (2023) より作成。市場レートベース。

　また一人当たりGDPでは、インドは2022年時点で0.24万ドルと、中国（1.28万ドル）
の18.6％相当にとどまる（第2-1-26図）。IMFの予測では、今後インドの成長率が中国
を上回るとしても、中国で人口減少、インドで人口増加が続く中で、一人当たりGDPの
キャッチアップはより緩慢なものとなり、2028年時点でもインドは中国の19.0％相当に
とどまると見込まれている。

第2-1-26図　一人当たり名目GDPの推移

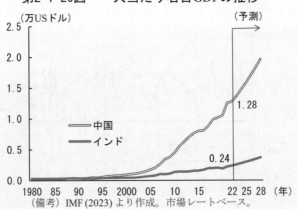

（備考）IMF (2023) より作成。市場レートベース。

　中国、インド両国の成長率と一人当たりGDPの分布（いわゆる「収れんチャート」）
をみると、両国ともに、GDP成長率の高まりに応じて一人当たりGDPが高まるが、一定
の時期からはGDP成長率が徐々に低下していく逆U字型の分布がみられる（第2-1-27
図）。インドの一人当たりGDPは、2022年時点では約15年前の中国と同水準となってい
る。過去15年間、中国においては一人当たりGDPが高まる一方で、成長率については傾

向的な低下が観測されている。インドにおいては、「人口ボーナス」を引き続き享受しており、生産年齢人口比率は2030年頃にピークを迎えるものの、その後の同比率の低下は緩やかなものにとどまると見込まれているが（後述）、中国と類似の軌跡を歩むかどうか、詳しくみていこう。

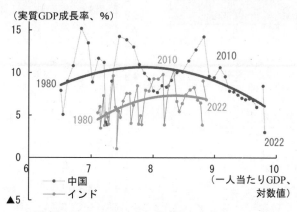

第2-1-27図　成長率と一人当たりGDPの分布

（備考）　1．IMF (2023)より作成。
　　　　　2．一人当たりGDPは購買力平価（2017年）ベース。
　　　　　3．感染症拡大の影響の大きな2020年の値は外れ値として除外。

（中国、インド両国の発展パターンは資本投入主導の点で共通）

　次に、経済成長の特徴を比較するため、成長会計の手法を用いて成長率を労働投入・資本投入・全要素生産性（TFP）の寄与に分解する（第2-1-28図）。インドでは、労働投入の寄与は1980年代に最も高かったが、1990年代半ばから縮小傾向となっており、人口ボーナスが続いているにもかかわらず、2010年代も労働投入の寄与は低水準にとどまっている。代わって資本投入の寄与は1990〜2000年代後半まで安定的に高まり、2010年代は低下傾向となっている。TFPは、2015年前後に大きく伸びたが、2019年にかけて縮小した。このように、インドの発展形態は、(i)資本投入の寄与が大きい、(ii)労働投入の寄与が比較的小さい、といった点で、中国と共通している。

第2-1-28図　各国の成長会計

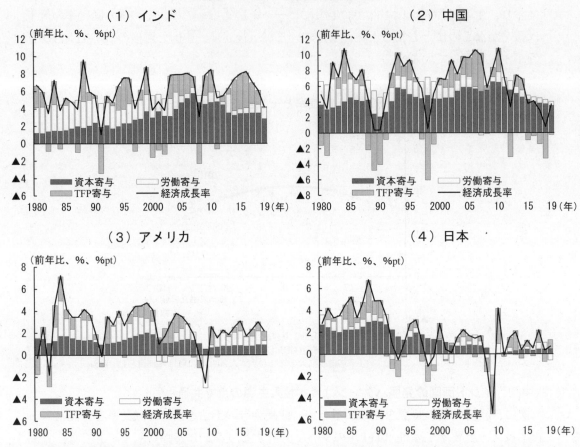

（備考）Penn World Table[185]より作成。

（インドでは、生産年齢人口の増加が継続）

　人口が14億人強で並んだ中国、インド両国だが、人口動態の局面としては大きな違いがある。合計特殊出生率は、両国ともに低下しているが、2021年時点では、インドは2.03と、人口置換水準（中長期的な人口規模の維持に必要な出生率：2.07）をわずかに下回る程度にとどまる一方、中国は1.16と極めて低水準となっている（第2-1-29図）。

　また、国連の2019年時点の見通し[186]と比べた場合、インドはわずかな下方修正であったが、中国については大幅な下方修正が行われた。中国においては今後大幅な出生率の反転が起こらない限りは人口減少が加速することが見込まれているが、インドにおいては当面は人口の増加が続く見込みである。

---

[185] Groningen Growth and Development Centre (2023).
[186] United Nations (2019)、以下「国連2019」という。

第2-1-29図　インドと中国の出生率

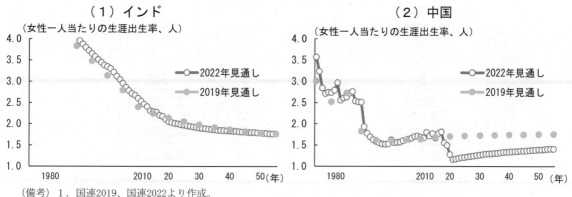

（1）インド
（女性一人当たりの生涯出生率、人）

（2）中国
（女性一人当たりの生涯出生率、人）

（備考）1．国連2019、国連2022より作成。
　　　　2．2021年までは推計値、2022年からは中位推計値を使用。

　上記の出生率を前提として、国連2022は、インドの総人口は2063年（16.97億人）、
生産年齢人口（15～59歳）は2044年（9.75億人）にピークを迎えると予測し、生産年齢
人口比率は2029年にピーク（64.8%）となった後、緩やかに低下していく見込みとして
いる（第2-1-30図）。なお、中国については、総人口は2021年（14.26億人）、生産年
齢人口は2011年（9.28億人）、生産年齢人口比率は2007年（69.2%）にピークとなって
いる。

第2-1-30図　中国、インドの総人口と生産年齢人口

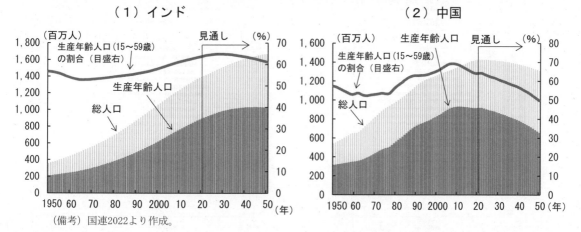

（1）インド

（2）中国

（備考）国連2022より作成。

　人口ピラミッドの形状で比べると、インドと中国には大きな差がみられている（第2-
1-31図）。2022年時点で14.2億人程度でほぼ並んだ総人口は、国連予測では2050年時点
でインド16.7億人、中国13.1億人、2100年時点でインド15.3億人、7.7億人となってお
り、中国では高齢化から人口減少への動きが急速に進行することとなる。こうした人口
動態の局面の差異は、中長期的な成長率に影響するものとみられる。

第2-1-31図　インドと中国の人口ピラミッド

（1）インド

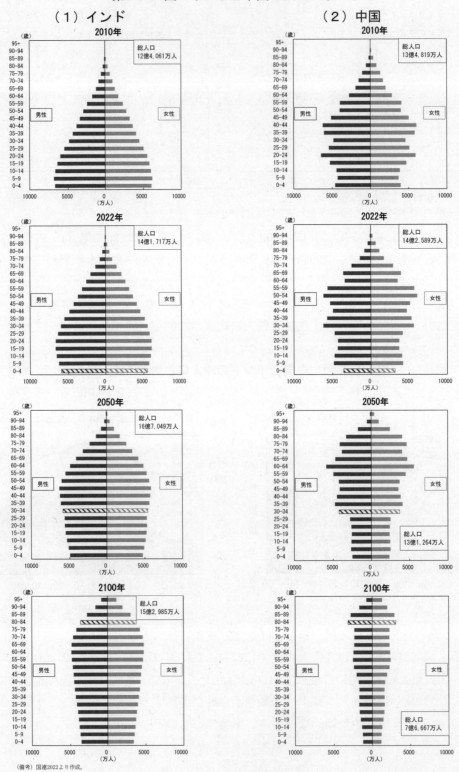

（2）中国

（インドの生産年齢人口比率のピークは2030年頃の見込み）

　人口面から、インドの成長余地を探るため、いわゆる「人口ボーナス」と呼ばれる生産年齢人口比率が高まる期間に着目しよう。同期間には経済成長が促進される傾向がある[187]。中国において生産年齢人口比率と経済成長率（後方5年移動平均値）を比較すると、生産年齢人口比率がピークとなった2007年以降は、経済成長率の低下傾向が顕著となっている（第2-1-32図（1））。機械的に中国の経験を踏まえると、インドの生産年齢人口比率は2030年頃がピークを迎えるため、その先には成長率への低下圧力が生じるかもしれない（第2-1-32図（2））。

　ただし、その低下程度については、従属人口比率の中身に着目する必要がある。つまり、生産年齢人口比率の低下要因が、急速な高齢化によるものであれば成長率への下押しは強いが、若年人口比率も高い中での緩やかな高齢化によるものであれば、それほど大きな下押しにはならないかもしれないということである。

　そこで、従属人口比率と成長率を比較すると、中国においては、従属人口比率の低下とともに高度成長を果たしたが、2007年に30.8%（うち若年19.1%、高齢11.6%）を底として反転した後は、急速に従属人口比率が上昇しており、特に高齢人口比率が高まる中で、経済成長の鈍化がみられている（第2-1-33図（1）、第2-1-34表）。

　対して、インドでは、国連予測によれば、従属人口比率は2029年に35.2%（うち若年22.6%、高齢12.6%）を底として反転が見込まれるが、その後の従属人口比率の上昇と高齢化の進行は緩やかとなる見込みとなっている（第2-1-33図（2）、第2-1-34表）。このため、成長への人口動態の制約は中国と比べて相対的に小さい可能性がある。

---

[187]　「人口ボーナス」の期間には、従属人口に対する生産年齢人口の比率が高まることで、一人当たり生産性が高まるとともに、労働参加率や貯蓄率の上昇により、経済成長が促進されやすい（Bloom and Canning (2003)）。対して「人口オーナス」の期間には、生産年齢人口比率が低下することで逆の効果が働き、経済成長が抑制される傾向がある。

第2-1-32図　生産年齢人口比率と経済成長率の推移

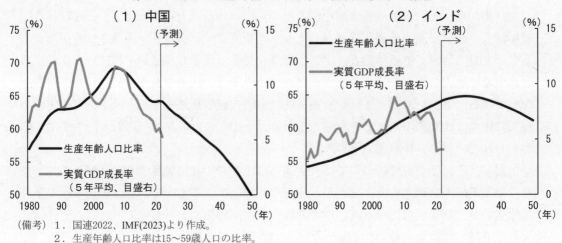

（1）中国　　　　　　　　　　　　　　（2）インド

（備考）1．国連2022、IMF(2023)より作成。
　　　　2．生産年齢人口比率は15〜59歳人口の比率。

第2-1-33図　従属人口比率と経済成長率の推移

（1）中国　　　　　　　　　　　　　　（2）インド

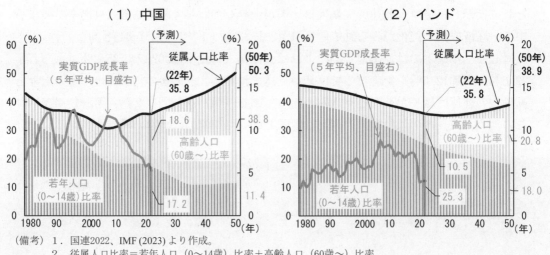

（備考）1．国連2022、IMF(2023)より作成。
　　　　2．従属人口比率＝若年人口（0〜14歳）比率＋高齢人口（60歳〜）比率。

第2-1-34表　生産年齢人口比率、従属人口比率とその内訳

	中国	インド
2007 年	生産年齢人口比率　69.2% （ピーク）	生産年齢人口比率　60.4%
	従属人口比率　30.8%	従属人口比率　39.6%
	うち若年　19.1%	うち若年　32.3%
	うち高齢　11.6%	うち高齢　7.4%
2022 年	生産年齢人口比率　64.2%	生産年齢人口比率　64.2%
	従属人口比率　35.8%	従属人口比率　35.8%
	うち若年　17.2%	うち若年　25.3%
	うち高齢　18.6%	うち高齢　10.5%
2029 年	生産年齢人口比率　61.2%	生産年齢人口比率　64.8% （ピーク）
	従属人口比率　38.8%	従属人口比率　35.2%
	うち若年　13.6%	うち若年　22.6%
	うち高齢　25.2%	うち高齢　12.6%
2050 年	生産年齢人口比率　49.7%	生産年齢人口比率　61.1%
	従属人口比率　50.3%	従属人口比率　38.9%
	うち若年　11.4%	うち若年　18.0%
	うち高齢　38.8%	うち高齢　20.8%

（備考）1．国連2022より作成。
　　　　2．生産年齢人口比率は15～59歳人口、従属人口比率は若年人口（0～14歳）と
　　　　　　高齢人口（60歳～）の比率。

（近年の労働生産性の改善には、労働再配置の寄与が上昇）

　人口要因に加え、経済成長の源泉は生産性である。中国、インドの労働生産性はどのような状況だろうか。OECD (2018) は、Nordhaus (2001) に基づき、タイの労働生産性の成長率を、(1)産業内部での生産性上昇（「内部効果」）、(2)産業間の労働移動による生産性上昇（「労働再配置効果」）への分解を行っている[188]。

$$g(A_t) = \sum_i \sigma_{it-1} g(A_{it}) + \sum_i (\sigma_{it} - \sigma_{it-1}) g(A_{it}) + \sum_i (\sigma_{it} - \omega_{it}) g(S_{it})$$

---

[188] 推計期間は1986～2015年。

$g(\cdot)$は変化率、A_tはマクロの労働生産性、A_{it}、σ_{it}、ω_{it}、S_{it}はそれぞれ、産業iの労働生産性、名目付加価値額シェア、労働投入量シェア、労働投入量を表す[189]。上記の式において、第一項が内部効果（個別産業の生産性変動）、第二項（産業間のシェア変動）と第三項（労働移動）の合計が労働再配置効果を表す。

　この枠組を用いて、1976年〜2019年[190]のデータから労働生産性成長率の要因分解を行うと、以下の特徴がみられる（第2-1-35図）。

（i）中国においては、2015年まで労働生産性の上昇が続いた。内訳としては、内部効果の寄与が徐々に高まっている。労働再配置効果は、1995年までは大きかったものの、近年では縮小がみられる。

（ii）インドにおいては、労働生産性の伸び率が中国に比べ低い。労働再配置効果は、1995年頃までは寄与が極めて小さく、1996年以降はシェアの緩やかな上昇がみられる。内部効果は、2006〜2015年に大きく上昇した。

（iii）タイにおいては、労働再配置効果の寄与が大きい状況が2015年まで続いた。2016年以降は、労働再配置効果が縮小する一方で、内部効果の高まりがみられる。

---

[189] 定式化は八木他（2022）に基づく。八木他（2022）は、日本の1981〜2019年の実質労働生産性の成長率は、多くの部分が内部効果によって説明され、再配置効果は寄与が小さい状態が続いており、産業間における生産資源の再配分の停滞がうかがえると指摘している。

[190] APO Productivity database 2022（Nomura and Kimura (2022)）では2020年までのデータが利用可能であるが、2020年のデータは感染症拡大の影響で振れが大きいことから、推計期間は2019年までとした。

第2-1-35図　労働生産性成長率の要因分解

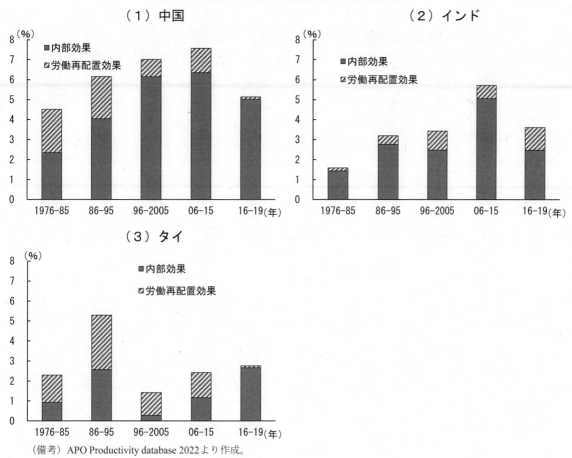

（備考）APO Productivity database 2022より作成。

　中国やタイにおける労働再配置効果の低下は、過去に比べて都市化（農村部から都市
部への労働移動）の勢いに減速がみられつつあることが関係しているとみられる。イン
ドにおける労働再配置効果の上昇は、1990年代以降、IT産業を中心とした労働生産性が
相対的に高いサービス産業へ労働力の流入が進んだことの影響が示唆されている[191]。各
国においては、人口ボーナスによる成長効果が徐々にはく落していく中で、労働参加率
の上昇や各産業固有の生産性上昇に加え、生産性のより高い産業への労働移動の重要性
が高まっており、インドはその双方を推進していく時期にあると言える。インドでは製
造業・サービス業等の高生産性部門への労働再配置は緩やかながらも進展しているが、

---

[191] インドにおいては、身分制を始めとした社会文化的背景の影響もあり職業選択が固定的である中、新たなサービ
ス産業は身分制の影響が小さいため雇用の流動化が進んだとされる（伊藤（2007））。1990年代以降は、サービス産
業の就業者比率が高まったことも確認される（第2-1-16図）。

農業部門の就業者が４割を超えている。また、各産業の生産性上昇率は中国の方が高く、インドは引き続き生産性を高めていく必要があり、識字率の向上[192]からICT専門人材の育成までを含むヒトへの投資（教育投資）が重要である。

---

[192] インドの識字率は、2007年時点で66.0%（男性76.9%、女性54.5%）、2018年時点では74.4%（男性82.4%、女性65.8%）となっており、改善は進んでいるものの依然低位となっている。内閣府（2010）においてはその背景として、著しい所得格差や社会的要因から、教育機会が十分に確保されていないことを指摘している。

第2節　インドの産業・通商政策

　本節においては、現在のモディ政権（2014年〜）発足以降の過去10年程度を振り返ってインドの産業・通商政策を確認する。インドは資本集約財等の輸入により経常赤字が定着するものの、国内の輸出競争力の低い中小企業の保護等のために市場開放は限定的となっている。そのような中でIT産業等の一部の産業を中心に直接投資が増加するとともに、新技術を積極的に活用してのサービス業を中心とした発展が続いている。

１．拡大する貿易赤字の是正を掲げるインド
（貿易収支は赤字幅が拡大傾向）
　１節では、過去20年、インドは製造業の生産及び輸出が伸び悩む中で、中国からの資本集約財輸入を増やしてきたことを確認した。その影響は、エネルギー輸入の増加と併せて同期間の貿易赤字の拡大として顕著に表れている（第2-2-1図（1））。一方、サービス収支は大幅な黒字で推移しており、IT産業の強みを活かしたビジネス・アウトソーシングの発達によるサービス輸出の強さが表れている。また、第一次所得収支（対外金融債権・債務から生じる利子・配当金等）は赤字である一方で、第二次所得収支（非居住インド人からの本国への送金等）はプラスとなっている。総合すると貿易赤字の規模が上回ることから、経常収支は赤字傾向で推移している。こうした点は、大幅な貿易黒字により経常収支黒字を維持する中国（第2-2-1図（2））とは対照的となっている。

第2-2-1図　経常収支

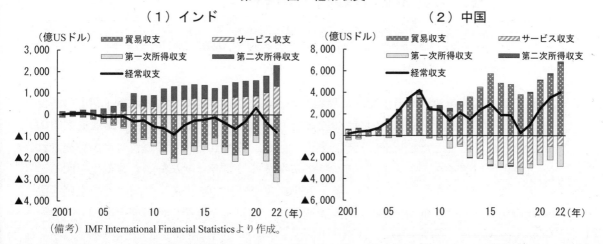

（備考）IMF International Financial Statistics より作成。

（貿易赤字の改善に向けて製造業の強化を推進しているが、製造業シェアは横ばい）

　このような拡大する貿易赤字を是正するために、インド政府は、モディ政権（2014年〜）の重要政策として2014年に「メイク・イン・インディア」イニシアティブを打ち出した（第2-2-2表）。本イニシアティブは、対内直接投資（FDI）を梃子として[193]、(1)雇用創出（労働集約的部門の活用）、(2)インフラ整備（産業大動脈構想の活用）、(3)国内の製造業の振興（グローバル製造業ハブの形成）を図ることを主眼としている[194]。これらにより、2025年までに製造業のGDP構成比を当時の16%から25%まで引き上げるとしている。

第2-2-2表　「メイク・イン・インディア」イニシアティブの概要

```
＜4つの柱＞
(1) 新たなプロセス：「ビジネスのしやすさ」を追求
(2) 新たなインフラ：産業回廊やスマートシティを建設
(3) 新たなセクター：FDI を防衛、保険、医療機器、建設、鉄道インフラ分野にも開放
(4) 新たなマインドセット：政府は規制側ではなくファシリテーターとして行動

＜対象 25 業種＞
自動車部品、自動車、航空機、バイオ、化学、建設、防衛、電気機械、電子システム、食品加工、
IT・ビジネスプロセス、皮革、メディア・娯楽、鉱業、石油ガス、製薬、港湾、鉄道、道路・高速道路、
再エネ、宇宙、繊維、地熱、観光業、健康

＜国内製造業を後押しするために講じた措置＞
(1) 14 の政府サービスをオンラインの単一窓口に統合
(2) ビジネスの様々な段階で投資家を支援するサイト"Invest India"を立ち上げ
(3) 対象 25 業種の情報を、FDI 政策、製造業政策、知的財産権、産業回廊等の情報と共に
　　 "Make in India"ポータルサイトに掲載
(4) 重要プロジェクトの土地取得を容易にする条例を発布　　等
```

（備考）1．インド商工省、堀本他（2021）等より作成。
　　　　2．「講じた措置」は、2014年5月のプレスリリース掲載の内容。

　政府が各種改革を進める中で、世界銀行のビジネス環境指数[195]におけるインドの順位は、2014年の142位から2019年には63位まで上昇した。そのような中、感染症拡大下の2020年には「自立したインド」構想が打ち出され、GDP10%相当の経済対策が実施されると共に、「メイク・イン・インディア」の強化やサプライチェーンの強靭化を図ることとした（第2-2-3表）。さらに、インド連邦政府は2020年、インド国内での生産活動を奨励するために、重点分野の対象製品を国内で製造した場合には、売上増加分の4〜

---

[193] 民間航空、放送、鉄道、建設、製薬、一部プランテーション、通信、医療機器、Eコマースの分野では100%、銀行では74%、国防・保険では49%までの外資出資比率が認められ、その結果、対インド直接投資は2013年度には243億ドルであったところ、2015年度以降は400億ドルを超える水準へと拡大した。
[194] 堀本他（2021）。
[195] World Bank "Doing Business."。なお、2019年ランキングを最後に公表が停止されている。

6％相当の補助金を、基準年（2020年以降）から5年間支給する「生産連動型インセンティブ（PLI）スキーム」の導入を発表した（第2-2-4表）。当局は、同スキームにより5年間で少なくとも5,000億ドル相当分、インド国内での製造が増加すると見込んでいる。PLIスキームは、企業にとって大きなインセンティブとなっており、実効性のある政策として期待されている。インド製造業の国内製造が増加し、「メイク・イン・インディア」、「自立したインド」の目標に合った成果を挙げられるかが注目されている。

　しかしながら、製造業のGDP構成比については、2022年時点で15.8%にとどまっている。

第2-2-3表　「自立したインド」構想の概要

<5つの柱>
（1）漸進的変化よりも量子跳躍（非連続な飛躍的進歩）をもたらす<u>経済</u>
（2）現代インドのアイデンティティとなる<u>インフラ</u>
（3）テクノロジーがけん引し21世紀の夢を実現する<u>システム</u>
（4）世界最大の民主主義であり自立したインドの源となる<u>人口</u>
（5）<u>需要</u>の拡大とそれを満たすためのサプライチェーンの強化

<大胆な改革>
合理的な税制、シンプルで明確な法制度、良いインフラ、有能な人材、強靭な金融システムの構築等の改革により、ビジネスを奨励し投資を引き付け、「メイク・イン・インディア」を強化。

（備考）インド総理府より作成。

第2-2-4表　生産連動型インセンティブ（PLI）スキームの概要

<目的>
インドの製造企業に国際競争力をつけ、先端分野に投資を引き付け、効率性を高め、規模の経済を生み、輸出を促進し、インドをGVCに統合された一部とするもの。

<スキーム>
重点分野の対象製品がインド国内で製造された場合には、売上増加分の4～6％相当の補助金を、基準年（2020年以降）から5年間支給。

<10の重点分野>
（1）先端化学、セル電池（ACCバッテリー）　（2）電子／テクノロジー製品
（3）自動車・自動車部品　（4）製薬　（5）通信・ネットワーク機器　（6）技術繊維（MMF）
（7）食品　（8）高効率太陽光PVモジュール　（9）白物家電（エアコン、LED）　（10）特殊鋼

※(i)携帯電話・特定電子部品　(ii)重要な出発物質・医薬中間体・医薬品有効成分　(iii)医療機器製造
　　には導入済。

（備考）1. インド総理府、商工省より作成。
　　　　2. PLIスキームを受けるには事前申請と認定が必要。

（製造業に不可欠な電力供給は改善傾向だが、ピーク時には未だ電力不足が発生）

　製造業の強化には電力供給は重要な前提である。しかし、インドでは、気象・人口等の条件から電力需要が旺盛な一方、地理的要因やインフラの未整備により、電力不足によって停電が頻繁に発生し、製造業の発展を阻害する要因の一つとなってきた。近年はインフラの整備が進められたことで、電力の需給ギャップは解消されつつあるが、ピーク時には2022年にも1.9％の電力供給不足が発生しており、引き続きその改善が求められる（第2-2-5図）。

第2-2-5図　インドの電力需給

（1）通年累計値　　　　　　　　　　　　　　　**（2）ピーク時**

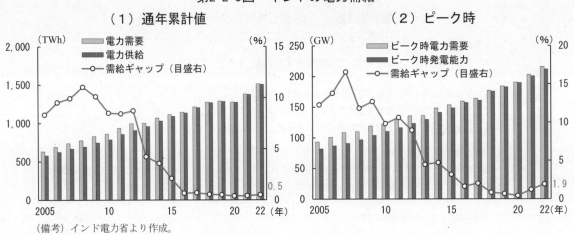

（備考）インド電力省より作成。

２．自由貿易の推進と国内産業保護の継続

（自由貿易を推進するも市場開放は限定的）

　このように国内製造業の強化は進められているが、貿易振興は図られているのであろうか。インドは、アジア諸国を中心に多くの貿易協定を締結・発効している（第2-2-6表）。この他にもEUや英国を始め、交渉中の協定は多いが、一方で関税障壁撤廃等に伴う国内産業圧迫への警戒感が産業界に根強く、交渉が難航するケースは少なくない。東アジア地域包括的経済連携協定（RCEP）については、インドは2019年に交渉から離脱した。「メイク・イン・インディア」や「自立したインド」政策の下、国内製造業や輸出力の強化を目指している中で、広範囲の関税撤廃により安価な輸入品が流入し国内産業に打撃となることが懸念されたとされている[196]。

---

[196] 国際協力銀行（2023）。

第2-2-6表　インドの貿易協定の概要

	名称	加盟国・地域	発効年
多国間協定	ASEAN・インド包括的経済協力枠組協定	ASEAN	2010年
	インド・メルコスール特恵貿易協定	メルコスール（南米南部共同市場）	2009年
	南アジア自由貿易協定（SAFTA）	バングラデシュ、ブータン、モルディブ、ネパール、パキスタン、スリランカ、アフガニスタン	2006年
	途上国間貿易特恵関税制度（GSTP）	GSTP加盟国・地域	1989年
	アジア太平洋貿易協定（APTA）	中国、韓国、バングラデシュ、ラオス、スリランカ、モンゴル	1976年
二国間協定	インド・オーストラリア自由貿易協定		2022年
	アラブ首長国連邦・インド包括的経済連携協定		2022年
	モーリシャス・インド包括的経済協力連携協定（CECPA）		2021年
	日本・インド経済連携協定		2011年
	インド・マレーシア包括的経済連携協定		2011年
	韓国・インド包括的経済連携協定		2010年
	インド・チリ特恵貿易協定		2007年
	インド・ブータン貿易協定		2006年
	インド・シンガポール包括的経済協力協定		2005年
	インド・アフガニスタン自由貿易協定		2003年
	タイ・インド経済協力枠組協定		2004年
	インド・スリランカ自由貿易協定		2000年
	インド・ネパール貿易協定		1991年

（備考）JETRO「世界のFTAデータベース」より作成。

　また、アメリカは、2019年にインドを一般特恵関税制度（GSP）[197]の適用除外としており、アメリカ通商代表部（USTR）はその背景について、インドの複数の産業分野において、アメリカの公正かつ合理的な市場アクセスが損なわれているためとした。これを受けてインドはアメリカからの輸入品28品目[198]に報復関税を課す事態となった。インドの国内産業保護の方針は、同国の開放を限定的なものとしている。

（小規模事業者の保護政策と輸出強化の同時実施）

　インドでは中小零細企業（MSMEs）が登録ベースで801.6万社、非登録ベースを含めると推定6,300万社存在し、企業全体の約99%を占めると推計されている[199]。中小企業

---

[197] 発展途上国向けの関税優遇制度。アメリカは2019年にインド、トルコを適用除外とした。2020年末には失効し、2023年6月時点まで更新されていない。
[198] りんご、アーモンド、クルミ、ひよこ豆、リン酸等。
[199] 2022年3月31日時点、IBEF (2023).。

は、2021年度の輸出全体の50％、GVA全体の27％、製造業GVAの36％を占め、1.1億人の雇用を創出しており、インド経済の重要な構成部分である。しかしながら、これらの小規模企業の統廃合が進まず競争力が低いままで保護政策が続けられていることが、インドの製造業の生産性と競争力の停滞を生む要因となっている[200]。

こうした国内産業、中小企業保護の方針が根強い中、具体的な貿易振興策の実施権限を有する州や県との連携等による輸出促進を図るために、インド政府は2023年3月に「貿易政策2023」を発表した（第2-2-7表）。それまでの貿易政策の指針であった「貿易政策2015-2020」を拡充・強化し、終期を定めずに実施していくこととしている。従来は、中央政府が輸出振興の号令をかけても、各地方が地場産業・中小零細企業の保護を優先する結果、具体的な成果があがりづらいという問題が指摘されてきた。本政策では、地方政府（州の下の県レベル）との連携を重視し、各地で輸出すべき財の特定を進めるとともに、各地での輸出ルート開通のために真に必要な物流・インフラ整備を進めることで、輸出振興の実効性を高めることが期待されている。ゴヤル商工大臣は、2022年度に約7,600億ドルであった輸出額は、同政策の実施により2030年度までに2兆ドル規模に到達し得るとした。

第2-2-7表　「貿易政策2023」の概要

```
＜4つの柱＞
（1）補助金から免税への移行　（2）連携による輸出促進（輸出業者、州、県、貿易使節団）
（3）ビジネス環境の改善（取引費用の軽減、電子化）
（4）成長分野（Eコマース輸出拠点）の開発、輸出管理制度の合理化

＜主な方針＞
（1）申請プロセスの合理化・自動化
（2）優良輸出地方の拡大
（3）輸出企業のキャパシティビルディング、格付け
（4）県の輸出拠点化（Districts as Export Hubs）：輸出すべき財の特定、物流・インフラ支援
（5）輸出管理制度の合理化（特殊化学物質、有機体、素材、部品、技術）
（6）Eコマース輸出の促進
（7）資本財輸出振興（EPCG）スキームの促進：輸出財生産のための資本財輸入の関税を免税とする
　　スキームを拡充　等
```

（備考）インド商工省より作成。

---

[200] Mazumdar and Sarkar (2013) は、インドの企業を雇用人数で分類し（小企業（50人以下）中企業（50人以上500人未満）、大企業（500人以上））、1984年度から2004年度にかけて、大企業の比率が低下し（30.2％→20.3％）、小企業の割合が増加する（49.8％→57.0％）一方で、相対的労働生産性の格差は拡大したとした（大企業を100とした場合、1984年度→2004年度は、10～49人の企業は42→24、6～9人の企業は19→8）。

３．外資主導によるIT産業の振興

（対内直接投資はIT産業を中心に増加傾向）

　貿易赤字を政策目標として、国内産業保護と輸出振興をすることは理論的には可能な組合せかもしれないが、費用対効果の面やダイナミックな成長機会への影響という点では課題があると考えられる[201]。

　こうした貿易面での対応とは別に、インドは外国企業の誘致には積極的である。インドの対内直接投資は、モディ政権が発足した2014年以降、「メイク・イン・インディア」による投資奨励政策の効果もあり、伸び率が高まっている（第2-2-8図）。米中貿易摩擦や感染症拡大を受けたサプライチェーンの見直しの動きも進む中で、2020年には過去最大の直接投資を受け入れており、国別ではアメリカからの投資が増えている。業種別では、サービス（金融、ビジネス・プロセス・アウトソーシング（BPO）関連等）は一貫して主要な投資受入れ業種となっているが、2014年以降は「コンピュータ（ソフトウェア、ハードウェア）関連等」の伸びが顕著である。特に2020年には全体の過半数を占める程のシェアとなり、IT産業におけるインドの強みを活かす動きが改めて活発化していることがうかがえる。対中直接投資は、従来製造業の比率が高く、対インド直接投資と対照的な構成であったが、近年は情報通信関連の投資も増加傾向となっている[202]。

　なお、ストックベースでみると、インド向けの直接投資額は中国と比べて2021年末時点では４分の１程度と規模の差が依然として大きく、外資の導入による国内産業の活性化に向けては、引き続いての直接投資の奨励が求められる。

---

[201] Krugman (1984).
[202] 2021年の対内直接投資の対GDP比は、インドは1.6％、中国は1.0％。

第2-2-8図 対内直接投資

(1) 対インド（フロー）

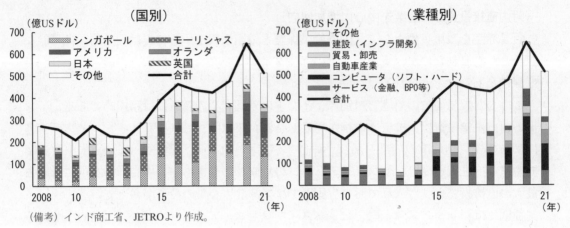

（国別）

（業種別）

（備考）インド商工省、JETROより作成。

(2) 対中国（フロー）

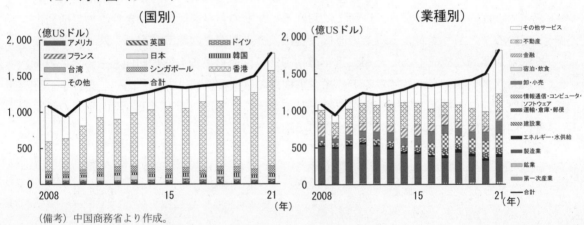

（国別）

（業種別）

（備考）中国商務省より作成。

(3) 対インド・中国（ストック）

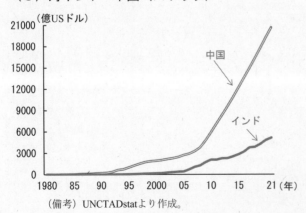

（備考）UNCTADstatより作成。

（日系企業はインドを内需成長の見込める進出・事業拡大先として評価）

　ここで日系企業の動向を日本貿易振興機構（JETRO）が実施したアンケート調査からみると、日系企業が海外で事業拡大を図る国・地域の中で、インドは2022年度調査では7位と、前年度の11位から順位を上げている（第2-2-9表）。インドで事業拡大を図る理由（複数回答）としては「市場規模・成長性」を選択する企業数が最も多く（95.5%）、「顧客企業の集積（42.9%）」「すでに自社の拠点がある（39.7%）」「人件費の安さ、豊富な労働力（24.4%）」が続いた。「インフラ（電力、運輸、通信等）の充実」を選択した企業は14.1%（選択理由11項目のうち9位）にとどまった。

第2-2-9表　日系企業アンケート調査
（海外で事業拡大を図る国・地域）順位

	2019年度	20年度	21年度	22年度
アメリカ	4	3	1	1
ベトナム	2	2	2	2
中国	1	1	3	3
EU	6	6	5	4
タイ	3	4	4	5
インドネシア	7	7	8	6
インド	10	12	11	7
台湾	5	5	6	8
シンガポール	8	8	7	9
マレーシア	11	9	9	10
フィリピン	12	11	12	11
香港	9	10	10	12

（備考）1．JETRO「日本企業の海外事業展開に関するアンケート調査」（2019〜22年度）より作成。
　　　　2．「現在、海外に拠点があり、今後さらに拡大を図る」「現在、海外に拠点はないが、今後新たに進出したい」と回答し、その理由・拡大する機能を併せて回答した企業数の順位（複数回答）。
　　　　3．回答企業数は、2019年度1,871社、20年度1,156社、21年度810社、22年度1,230社。調査時点は各年11月中旬〜12月中旬。

　事業拡大理由の選択企業比率の高低については、当該国内での比較が可能であるが、ここでは、インドのビジネス環境の優位性と課題をみるため、2022年度の上位10か国について、事業拡大の理由（1）〜（11）ごとに国をまたがる比較を行い、選択企業比率の高かった順に順位付けを行う。「市場規模・成長性」においてはインドが1位となる一方で、「インフラ（電力、運輸、通信等）の充実」「税制面での優位性」においてはインドは9位にとどまっており、市場規模や成長への期待がみられる一方で、制度面・インフラ面で懸念があること等が示唆される（第2-2-10表）[203]。

───────────────

[203] 中国については、「すでに自社の拠点がある」「関連産業の集積（現地調達が容易）」との理由では上位に入っ

第2-2-10表　日系企業アンケート調査
（海外で事業拡大を図る理由）順位

	アメリカ	ベトナム	中国	EU	タイ	インドネシア	インド	台湾	シンガポール	マレーシア
(1)市場規模・成長性	5	8	7	9	10	2	1	4	3	6
(2)顧客（納入先）企業の集積	2	6	5	3	1	10	4	7	9	8
(3)すでに自社の拠点がある	5	4	2	8	1	7	3	9	10	6
(4)安定した政治・社会情勢	4	2	8	6	5	9	10	7	1	3
(5)自社の海外拠点戦略に基づく（拠点統合など）	3	7	5	4	2	10	9	6	8	1
(6)言語・コミュニケーション上の障害の少なさ	1	7	8	4	6	10	9	2	5	3
(7)人件費の安さ、豊富な労働力	8	2	6	10	5	3	4	9	7	1
(8)関連産業の集積（現地調達が容易）	7	2	3	10	1	8	4	5	9	6
(9)インフラ（電力、運輸、通信等）の充実	7	2	5	10	1	8	9	6	3	4
(10)税制面での優位性（法人税、関税など）	10	5	6	8	4	7	9	3	1	2
(11)その他	9	2	6	5	4	3	8	1	7	10

（備考）1．JETRO「日本企業の海外事業展開に関するアンケート調査」（2022年度）より作成。
　　　　2．同調査では、「現在、海外に拠点があり、今後さらに拡大を図る」「現在、海外に拠点はないが、今後新たに進出したい」と回答した企業数が多かった上位10か国について、事業拡大理由(1)～(11)（複数回答）を選択した企業の比率が報告されているところ、内閣府にて事業拡大理由(1)～(11)ごとに回答企業比率の高い順に順位付けを行ったもの。
　　　　3．調査対象企業が(1)～(11)の理由ごとに当該10か国内の順位付けを回答したものではないことには留意が必要だが、本表の順位は、当該国の強み（比較優位）と、どのような理由で（他国よりも）当該国への事業拡大が選択されやすいか、に関する傾向を表していると考えられる。

　このように、外国企業がインドを進出・事業拡大先として選ぶ理由としては、その市場規模・成長性が重視されているとみられる。こうした期待を踏まえ、インドは自国での製造力の強化、輸入した資本集約財を活用した輸出力の強化によるGVCの引寄せが重要と考えられる。

4．インドの発展を広げるサービス産業や新技術の活用

（IT産業を中心にサービス輸出が拡大）

　インドでは、1990年代半ばから、IT産業をはじめとするサービス業のシェアが急速に高まった[204]。インドのサービス輸出は、2000年代に入りほぼ一貫して増加を続けている[205]（第2-2-11図）。国際金融危機や感染症拡大の影響のある年においても減少幅はわずかにとどまっており、各国からの旺盛な需要とインドの競争力が背景となっている。業種別にみると、「通信・コンピューター・情報サービス」は一貫して多く（2021年のシェアは34.1％）、「その他ビジネス（研究開発、専門技術関連）サービス」は近年増勢を強めている（同38.6％）。サービス輸出、中でも情報通信・コンピューター・情報関連サービスにおいては、アメリカの寄与が大きい（第2-2-12図）。

ているものの、「市場規模・成長性」では7位にとどまり、同項目で1位のインドと対照的な結果となっている。この点は、中国の経済成長率の低下傾向、また米中摩擦やコロナ禍による不確実性が影響した可能性がある。
[204] 糠谷（2019）。
[205] サービス輸出の対GDP比は、2005年6.3％、2021年7.6％。

第2-2-11図　インドのサービス輸出（業種別）

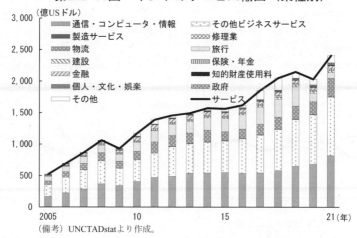

（億USドル）

凡例:
- 通信・コンピュータ・情報
- 製造サービス
- 物流
- 建設
- 金融
- 個人・文化・娯楽
- その他
- その他ビジネスサービス
- 修理業
- 旅行
- 保険・年金
- 知的財産使用料
- 政府
- サービス

（備考）UNCTADstatより作成。

第2-2-12図　インドのサービス輸出（アメリカの寄与）

（1）サービス輸出全体　　　（2）通信・コンピューター・情報サービス

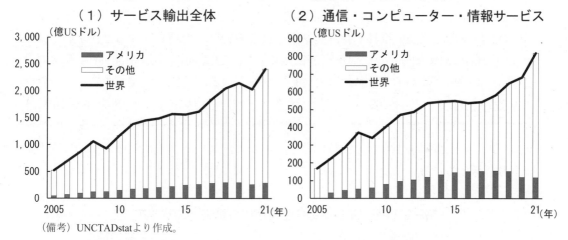

凡例:
- アメリカ
- その他
- 世界

（備考）UNCTADstatより作成。

　このように旺盛なサービス輸出の下で、インドのサービス収支は黒字で推移しており、大幅な貿易収支赤字を部分的に相殺している。こうした中で、近年は貿易統計における純輸出（財）は大幅なマイナスとなっても、GDP統計における純輸出（財・サービス）はプラスに寄与するという状況がみられている。サービス輸出は、財輸出に比べ、世界の景気変動から受ける影響が小さい傾向がみられる[206]ことから、インドの景気の安定化にも寄与していると考えられる（第2-2-13図）。

---

[206] 単純な回帰分析の結果は以下のとおりであり、世界とインド共に、世界GDPの変動から受ける影響（係数）は、財輸出よりもサービス輸出の方が小さくなっている。推計期間は、財輸出は2006〜2022年、サービス輸出は2006〜2021年。世界GDP成長率の回帰係数はいずれも1％水準で有意。
　（1）世界財輸出伸び率　＝　-3.91＋2.15×世界GDP成長率
　（2）世界サ輸出伸び率　＝　-1.19＋1.48×世界GDP成長率
　（3）インド財輸出伸び率　＝　-3.22＋3.05×世界GDP成長率
　（4）インドサ輸出伸び率　＝　　2.19＋1.83×世界GDP成長率

第2-2-13図　世界のGDPと財・サービス輸出

（1）財輸出

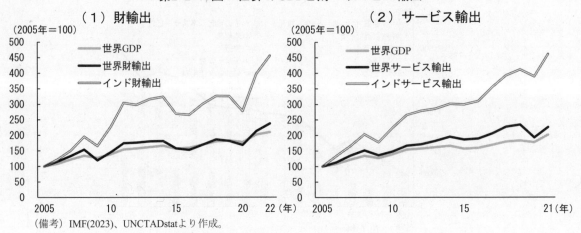

（2）サービス輸出

（備考）IMF(2023)、UNCTADstatより作成。

　なお、2020年からの感染症拡大下では、世界的にDX化、バリュー・チェーンのデジタル化が急速に進んだことで、インドのIT、ビジネス・プロセス・アウトソーシング（BPO）は極めて堅調に推移した。インドのIT企業団体[207]の調査によると、主要企業のIT-BPOの輸出は欧米向けの比率が顕著に高く、アメリカ向け（62%）、イギリス向け（17%）、欧州（除くイギリス）（11%）で9割となる（第2-2-14図（1））。分野別にみると、ITサービス（51%）、ビジネス・プロセス・マネジメント（BPM）（19%）、R&D（16%）、ソフトウェア製品（6%）となっている（第2-2-14図（2））。欧米市場を中心とした輸出は、インドのITサービス業における高い技術力と競争力を示している。

第2-2-14図　インドのIT企業団体の調査（2022年度）

（1）IT-BPM輸出先シェア　　　　　（2）企業利益の構成

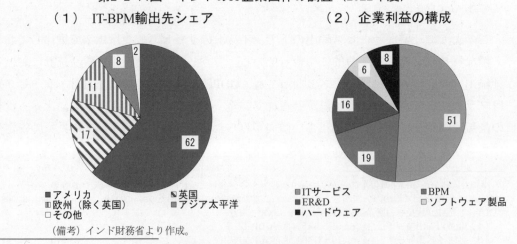

（備考）インド財務省より作成。

---

[207] 全国ソフトウェア・サービス企業協会（NASSCOM：National Association of Software and Services Companies）。

以上のように、インドの貿易は、サービスで（欧米から）稼ぎ、資本集約財を（中国等から）購入するという構図となっている。経常収支赤字が続く中で、政策対応としては、サービス輸出を更に強化すること、資本集約財の自国生産を増やすこと、に重点が置かれている。

（新技術の活用による蛙跳び型の発展を志向）

　インドにおいても他の新興国と同様、最先端の技術やサービス等を一気に導入して、先進国が経験してきた技術やサービスの発展段階を省略して発展を遂げる、いわゆる蛙跳び（リープフロッグ）型の発展がみられている。ここではその代表例として電気自動車（EV）と電子決済の発展状況を確認する。

（ⅰ）EV

　インドでは、電気自動車の導入が進行している。2013年に「国家電動モビリティ・ミッション・プラン[208]」を策定し、2015年にEV生産早期普及策（FAME[209]）、2019年にFAME Ⅱを導入し、生産者と消費者双方にEV導入へのインセンティブを付与した。こうした中で、インドではEV登録台数が増加しており、2022年には100万台を突破し、全体に占める比率は4.7%まで上昇した（第2-2-15図（1））[210]。2023年1－3月のEV比率は6.1%に上昇している。インド政府は、2030年までに乗用車の30%、商用車の70%、二輪車・三輪車の80%まで、EV比率を高めることを政府目標としている。なお、中国においては、2022年時点で新エネルギー車[211]の販売台数は687.2万台、全体に占める比率は25.6%に達している（第2-1-15図（2））。

第2-2-15図　EV登録台数の推移

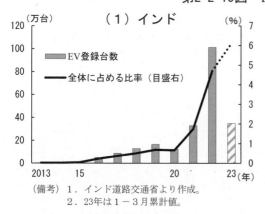

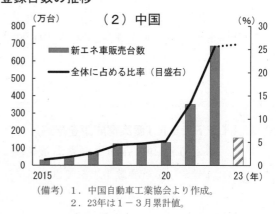

（備考）　1．インド道路交通省より作成。
　　　　　2．23年は1－3月累計値。

（備考）　1．中国自動車工業協会より作成。
　　　　　2．23年は1－3月累計値。

---

[208] National Electric Mobility Mission Plan (NEMMP).
[209] Faster Adoption and Manufacturing Of Electric Vehicles.
[210] 先進国の新車販売台数に占めるEV比率（2022年）は、欧州21%、アメリカ8%、日本3%（IEA（2023））。
[211] 中国政府は、電気自動車（EV）、プラグインハイブリッド車（PHV）、燃料電池車（FCV）を新エネルギー車（NEV）として分類している。

(ii) 電子決済

インドでは、2016年にインド決済公社（NPCI）が統合決済インターフェース（UPI）[212]を開発して以降、多くの民間事業者が同システムを活用した電子決済サービスを提供し[213]、キャッシュレス化が急速に進行した（第2-2-16図）。UPIは、スマートフォンで銀行口座間の即時送金を可能とする電子送金システムであり、預金通貨をデジタル通貨のように活用できる、世界的にも先進的なシステムとなっている。Eコマースに加え、QRコードを用いて実店舗での支払にも利用可能であり、手数料は無料である。小売電子決済の件数ベースでは、2019年度にクレジット・デビットカード、プリペイド決済（電子マネー等）等を上回り、2022年度には837万件（全体の73.5%）に達している。

第2-2-16図　インドの小売電子決済件数

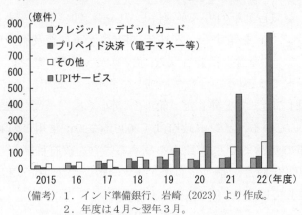

（備考）1．インド準備銀行、岩崎（2023）より作成。
　　　　2．年度は4月〜翌年3月。

さらに、2022年には、スマートフォンを所有していない人々[214]向けの、フィーチャーフォンで利用できるサービス（UPI123Pay）、インターネット未接続でのオフライン決済サービス（UPI Lite）も導入された。IT技術の強みを活用し、先進的な取組に加えて、デジタル化の環境が整っていない人々にも利便性を提供する金融包摂も進められている。

（インドではICT産業育成策を推進）

このようなUPI等のICT産業育成のための指針として、インド政府は、モディ政権（2014年〜）の重要政策として2014年から「デジタル・インディア」イニシアティブを打ち出し、インド経済のデジタル化、それに伴う経済活動のインフォーマル部門の是正が推進されている（第2-2-17表）。

---

[212] Unified Payments System.
[213] Gpay（Alphabet社）、PhonePe（Walmart社）、Paytm（One97 Communications社）等。
[214] インドの携帯電話契約数は2021年時点で11.5億（International Telecommunication Union）、うち4割弱はフィーチャーフォンとされる（岩崎（2023））。

第2-2-17表　「デジタル・インディア」の概要

```
＜３つのキーエリア＞
（１）全国民に対するデジタルインフラの提供
（２）行政サービスのオンデマンド化
（３）デジタル化による国民のエンパワーメント

＜重要な成長分野（９つの柱）＞
（１）ブロードバンド整備
（２）モバイル通信のユニバーサル・サービス化
（３）公衆インターネットアクセス拠点の整備
（４）電子政府化
（５）行政サービスの電子化
（６）全国民に向けた行政情報提供の実現
（７）エレクトロニクス分野の国内製造強化
（８）ICT 関連産業の雇用創出
（９）全国内大学における Wifi 整備
```

（備考）インドエレクトロニクス・情報技術省、堀本他･（2021）等より作成。

　当該枠組みの主要な実績の一つとしては、政府・企業・国民が様々なデータを保管・共有・活用できるオープンシステム・プラットフォーム「インディア・スタック（India Stack）」の整備が挙げられ、これを活用したキャッシュレス決済サービスの提供等が活発化している。主要なオープンシステムとしては、（１）Aadhaar（全国民にデジタルIDの付与）、（２）eKYC（本人確認のオンライン・ペーパレス化）、（３）Digilocker（各種記録・書類のデジタル化・保存）、（４）eSign（電子書類への署名）、（５）前述のUPI（銀行間送金のリアルタイム化）等が挙げられる。

　また、複雑な税制を簡素化するため、2017年７月に物品・サービス税（GST）が導入された際には、行政事務手続の効率化の観点から、仕入品の税還付を受けるためのインボイスと申告書の手続は、上記システムを活用してオンラインで行われることとなった。こうした手続は課税逃れ等の防止にも資することから[215]、インド政府はオンライン納税への移行を推進した結果、GSTの納税企業数は2022年度には2017年度比で倍増した。税収面でも、感染症拡大期の2020年度を除き、顕著な増加傾向が続いている[216]（第2-2-18図）。

---

[215] インド財務省（2018）は、GSTの導入により、州間における税率の裁量が排除され脱税を減少させることや、オンライン化により膨大なデータを管理することが可能になることから、納税企業数が増加するとしている。また、上田（2020）は、手続のオンライン化により、税務当局にとってGST申告審査が大幅に効率化するとともに、販売情報と仕入情報のマッチングを的確に行うことが可能となり、事業者による脱税行為への大きなけん制効果もあるとしている。2020年４月より、大手登録事業者については電子インボイスの使用が義務化されている。
[216] インド財務省（2023）。

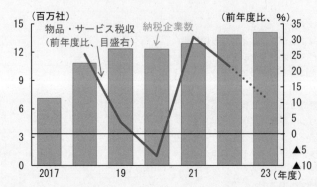

第2-2-18図　物品・サービス税収入

（備考）　1．インド財務省、Goods And Services Tax Networkより作成。
　　　　　2．物品・サービス税収について、23年度は４～６月の前年同期比。
　　　　　3．納税企業数は、17年は７月、18年は４月、その他は６月時点の値。

第3節　まとめ

　本章では、インドの発展の特徴を確認した。1節では、貿易構造の側面からは、インドでは製造業の発展の立ち遅れから、(ⅰ)輸出品目の一次産品から機械製品等への重点シフトが緩慢であること、(ⅱ)中国からの輸入ウェイトが高まっていることを確認した。また、人口動態の側面からは、インドの人口ボーナス期における成長率の高まりは近年転換点を迎える可能性があり、生産性向上の重要性が高まっていることを指摘した。2節では、こうした弱みを克服するための産業・通商政策や、ITを中心としたサービス産業の強みを活かした発展の状況を確認した。

　インドでは、1990年代からサービス主導の発展が進み、製造業の発展が相対的に遅れてきたが、直近のデータにおいてもその傾向が継続・強化されていることが確認された。その是正のために政府は「メイク・イン・インディア」や「自立したインド」を掲げ、製造業比率の25%までの引上げ（2025年まで）、輸出額の2兆ドル到達（2030年まで）、といった目標に向けた取組を進めている。

　過去の途上国の発展の一般例を踏まえると、サービス業は、生産・消費の近接性が求められる特性もあり、このため国際的には貿易機会も限られることや、資本集約的な製造業に比べ生産性水準も上昇余地が乏しいことから、生活水準の向上と良質な雇用拡大のために製造業の強化が重要とされてきた。近年、インドの製造業比率は目標に反して低下するなど、改革は順調とは言えない。日系企業へのアンケート調査によれば、インドを進出・事業拡大先として選ぶ理由としては、その市場規模・成長性が重視されている。こうした期待を踏まえ、インドは自国での製造力の強化、輸入した資本集約財を活用した輸出力の強化によるGVCの引寄せが重要と考えられる。

　しかしながら、インドの資源賦存や文化・社会的事情によっては、製造業の強化だけでなく、IT産業等の輸出競争力のあるサービス業の強みを活かす道も重要であると考えられる。近年の世界的なDX化、GX化の動きや、感染症拡大に伴いリモートワークが更に進められた中で、インドのIT産業における強みは十分に活かされてきた。感染症拡大とウクライナ情勢下で世界的に財貿易の停滞が続く中でも、インドはサービス輸出の強みを活かして堅調な景気回復を続けている。インドはサービス輸出の対GDP比が約8%まで高まる中で、サービス貿易の黒字が財貿易の赤字を補う構造となっており、2023年1-3月期は経常収支が黒字化した。こうした姿は、経済発展の新しい在り方を示しており、世界的な景気変動に対するレジリエンスを高める方法の一つを示しているとも解釈できる。

　また、EV化やキャッシュレス化の急速な進展等、新産業の蛙跳び型の発展においては、一部では先進国を上回るような発展を遂げている分野もある。インドは「モノづくり」においては発展途上の部分があったとしても、漸進的な改善は続けられているとともに、IT技術を活かしたサービス産業においては非常に先進的な部分があり、サービス

輸出によって諸外国の需要に応えている。IT・ビジネスサービスの輸出先は欧米向けが９割に達している。国内でもITサービス産業の強みが発揮されており、政府のICT促進策「デジタル・インディア」イニシアティブに基づき、政府が開発したプラットフォームを活用してのキャッシュレス決済サービス等が活発化している。対インド直接投資は、モディ政権発足（2014年）後に加速しており、国別では欧米から、業種別ではIT関連が多い。

　さらに、インドの発展を見込む際、人口動態が重要である。インドは、2022〜2023年に人口規模が世界最多となった見通しである。先に一人当たりGDPを向上させた中国は、従属人口比率の低下とともに高度成長を果たしたが、高齢化の進展により同比率が上昇するにつれて成長が鈍化している。インドでは、2030年頃に従属人口比率の反転が見込まれるが、その後の高齢化は緩やかなものにとどまり、成長制約は相対的に小さい可能性がある。

　人口要因に加え、経済成長の源泉は生産性である。インドでは製造業・サービス業等の高生産性部門への労働再配置は緩やかながらも進展しているが、農業部門の就業者は未だ４割を超えている。また、各産業の生産性上昇率は中国の方が高く、インドは引き続き生産性を高めていくことが重要となる。

　更なる成長に向けては、（１）外資導入による国内製造業の活性化、（２）ITサービス産業の一層の発展、（３）教育投資等による生産性改善と労働再配置等の各種課題への対応、を進めることが鍵となると考えられる。

参考文献

（第2章）

伊藤洋一 ［2007］『ITとカースト　インド・成長の秘密と苦悩』日本経済新聞出版社　2007年1月

岩崎薫里 ［2023］「インドにおける金融のデジタル化－豊かさの実現に向けて－」RIM環太平洋ビジネス情報 Vol.23
　　　No.88　2023年2月

上田衛門 ［2020］「経済・社会のデジタル化とインドの税制－国際課税問題への対応を中心に－」フィナンシャル・
　　　レビュー　令和2年（2020年）第2号（通巻第143号）　2020年6月

国際協力銀行 ［2023］『インドの投資環境』2023年2月

坂本純一 ［2021］「メイク・イン・インディアの成果に夜明け？（インド）貿易赤字からひも解く経済構造」
　　　日本貿易振興機構（ジェトロ）地域・分析レポート　2021年4月

佐藤隆広 編 ［2009］『インド経済のマクロ分析』世界思想社　2009年1月

内閣府 ［2010］『世界経済の潮流2010年Ⅰ－アジアがけん引する景気回復とギリシャ財政危機のコンテイジョン－』

糠谷英輝 ［2019］「産業面から見たインド経済とインドビジネス～IT産業を中心に～」月刊資本市場
　　　No.412,　pp.48-57　2019年12月

堀本武功、村山真弓、三輪博樹 編 ［2021］『これからのインド－変貌する現代世界とモディ政権』東京大学出版会
　　　2021年3月

八木智之、古川角歩、中島上智 ［2022］「わが国の生産性動向－近年の事実整理とポストコロナに向けた展望－」
　　　日本銀行ワーキングペーパーシリーズNo.22-J-3　2022年3月

Asian Development Bank (ADB) [2022] *Economic Insights from Input-Output Tables for Asia and the Pacific*, July 2022.

Bloom, D. E. and D. Canning, [2003] "How Demographic Change can Bolster Economic Performance in Developing Countries",
　　　World Economics, vol. 4 Issue4, pp.1-14, October 2003.

Daly, K. and T. Gedminas, [2022] "The Path to 2075 — Slower Global Growth, But Convergence Remains Intact", *Global
　　　Economics Paper*, Goldman Sachs, December 2022.

Groningen Growth and Development Centre [2023] "Penn World Table version 10.01", January 2023.

Guillemette, Y. and D. Turner, [2021] "The long game: Fiscal outlooks to 2060 underline need for structural reform", *OECD
　　　Economic Policy Papers, No.29*, October 2021.

IEA [2023] *Global EV Outlook 2023: Catching up with climate ambitions*, April 2023.

IMF [2023] *World Economic outlook: A Rocky Recovery,* April 2023.

India Brand Equity Foundation (IBEF) [2023] "MSME Industry Report", February 2023.

Krugman, P. R. [1984] "Import Protection as Export Promotion: International Competition in the Presence of Oligopoly and
　　　Economies of Scale" in Kierzkowski, H. (Ed.), *Monopolistic Competition and International Trade*, Oxford University Press,
　　　pp.180-193.

Mazumdar, D. and S. Sarkar, [2013] *Manufacturing Enterprise in Asia: Size Structure and Economic Growth*, Routledge.

Ministry of Finance, Government of India (インド財務省) [2018] Annual Report 2017-18, April 2018.

Ministry of Finance, Government of India (インド財務省) [2023] *Economic Survey 2022-23*, January 2023.

Nomura, K. and F. Kimura, [2022] *APO Productivity Databook 2022*.

Nordhaus, W. D. [2001] "Alternative Methods for Measuring Productivity", NBER Working Paper Series, No.8095, January 2001.

OECD [2018] Multi-dimensional Review of Thailand (Volume 1): Initial Assessment, OECD Development Pathways, April 2018.

United Nations [2019] *World Population Prospects 2019.*

United Nations [2022] *World Population Prospects 2022.*

United Nations Population Fund [2023] *State of World Population 2023.*

Wilson, D. and R. Purushothaman, [2003] "Dreaming with BRICs: The Path to 2050", Global Economics Paper, No.99, Goldman Sachs, October 2003.

主な統計の入手先

国・地域	作成機関	URL
アメリカ	商務省経済分析局（BEA）	https://www.bea.gov/
	商務省センサス局	https://www.census.gov/
	労働省統計局（BLS）	https://www.bls.gov/
	連邦準備制度理事会（FRB）	https://www.federalreserve.gov/
	全米供給管理協会（ISM）	https://www.ismworld.org/
	米連邦住宅貸付抵当公社	https://www.freddiemac.com/
中国	海関総署	http://www.customs.gov.cn/
	汽車工業協会	http://www.caam.org.cn/
	銀行保険監督管理委員会	http://www.cbirc.gov.cn/cn/view/pages/index/index.html
	国家統計局	http://www.stats.gov.cn/
	人民銀行	http://www.pbc.gov.cn/
	財政部	http://www.mof.gov.cn/index.htm
インド	統計・事業実施省	https://www.mospi.gov.in/
	財務省	https://dea.gov.in/
	商工省	https://commerce.gov.in/
	電力省	https://powermin.gov.in/
	道路交通省	https://morth.nic.in/
	インド準備銀行	https://rbi.org.in/
ユーロ圏	欧州委員会	https://ec.europa.eu/info/business-economy-euro/indicators-statistics/economic-databases_en
	欧州中央銀行（ECB）	https://www.ecb.europa.eu/home/html/index.en.html
	ユーロスタット	https://ec.europa.eu/eurostat
ドイツ	ドイツ連邦統計局	https://www.destatis.de/EN/Home/_node.html
	ドイツ連邦政府	https://www.bundesregierung.de/breg-en
英国	国家統計局（ONS）	https://www.ons.gov.uk/
	イングランド銀行（BOE）	https://www.bankofengland.co.uk/
オランダ	経済分析総局	https://www.cpb.nl/en

国際機関等	資料名	URL
APO： Asian Productivity Organization	APO Productivity Database	https://www.apo-tokyo.org/productivitydatabook/
BIS： Bank for International Settlements	Total Credit to the Non-Financial Sector Central bank policy rates	https://www.bis.org/
CEPII： Centre d'Etudes Prospectives et d'Informations Internationales	BACI	http://cepii.fr/CEPII/en/bdd_modele/bdd_modele_item.asp?id=37
IFAD： International Fund for Agricultural Development	WB-IMF Debt Sustainability Anaysis risk rating	https://www.ifad.org/en/debt-sustainability
IMF： International Monetary Fund	World Economic Outlook	https://www.imf.org/en/Publications/WEO
	Fiscal Monitor	https://www.imf.org/en/Publications/FM
	Direction of Trade Statistics	https://data.imf.org/?sk=9D6028D4-F14A-464C-A2F2-59B2CD424B85
	List of LIC DSAs for PRGT-Eligible Countries	https://a.msip.securewg.jp/docview/viewer/docN9B63CAD964CFf3d0bc4b6c84f5696a5306b4df6c5e1f3672074ea23cae43c76fd89878955db7
OECD： Organisation for Economic Co-operation and Development	Economic Outlook	https://www.oecd.org/economic-outlook/
	OECD Statistics	https://stats.oecd.org/
S&Pグローバル		https://www.spglobal.com/en/
United Nations	World Population Prospects	https://population.un.org/wpp/
World Bank	Ease of Doing Business rankings	https://archive.doingbusiness.org/en/doingbusiness
	International Debt Statistics (IDS)	https://www.worldbank.org/en/programs/debt-statistics/ids

組織名	資料名	URL
ブリューゲル		https://www.bruegel.org/
日本貿易振興機構	世界のFTAデータベース	https://www.jetro.go.jp/theme/wto-fta/ftalist.html
CIPS: Cross-border Interbank Payment System	CIPS Participants Announcement	https://www.cips.com.cn/en/participants/participants_announcement/index.html
SWIFT: Society for Worldwide Interbank Financial Telecommunication	RMB Tracker, Monthly reporting and statistics on renminbi (RMB) progress towards becoming an international currency	https://www.swift.com/ja/node/11096

「世界経済の潮流　2023 年 I」

政策統括官（経済財政分析担当）　　　　林伴子

大臣官房審議官（経済財政分析担当）　　堤雅彦

大臣官房審議官（経済財政分析担当）　　上野有子

参事官（海外担当）　　　　　　　　　　石橋英宣

　　執筆担当者

　　　　伊藤久仁良　　衞藤鼓　　　茂野正史　　島津頼嗣　　下平凌大

　　　　園田桂子　　　高原滉平　　竹内緑　　　外ノ池愛　　仲島大誠

　　　　布目彰秀　　　花垣貴司　　古川茂樹　　細江僚汰　　本田真理子

　　　　村田晃希　　　望月文太

（五十音順）

世界経済の潮流　2023年 I

令和5年10月19日　発行　　　　　　定価は表紙に表示してあります。

編　集　　　内閣府政策統括官室
　　　　　　（経済財政分析担当）
　　　　　　〒100-8914
　　　　　　東京都千代田区永田町1 - 6 - 1
　　　　　　電　話 (03) 5253-2111

発　行　　　日 経 印 刷 株 式 会 社
　　　　　　〒102-0072
　　　　　　東京都千代田区飯田橋2 - 15 - 5
　　　　　　　　　TEL 03 (6758) 1011

発　売　　　全国官報販売協同組合
　　　　　　〒100-0013
　　　　　　東京都千代田区霞が関 1 - 4 - 1
　　　　　　日 　土 　地 　ビ 　ル 　1 　階
　　　　　　　　　TEL 03 (5512) 7400

ISBN978-4-86579-394-9